UMJETNOST I MAJSTORSTVO OZBILJNO DOBRE ZDRAVICE

Izrada 100 tostiranih čuda za preobrazbu vašeg svakodnevnog kruha

Franjo Petrović

Materijal autorskih prava ©2023

Sva prava pridržana

Nijedan dio ove knjige ne smije se koristiti ili prenositi u bilo kojem obliku ili na bilo koji način bez odgovarajućeg pisanog pristanka izdavača i vlasnika autorskih prava, osim kratkih citata korištenih u recenziji . Ovu knjigu ne treba smatrati zamjenom za medicinske, pravne ili druge stručne savjete.

SADRŽAJ _

SADRŽAj _ 3
UVOD 6
TOSTOVI S POVRĆEM 7
   1. Tostovi s pirjanom blitvom 8
   2. Avokado, jaja i Ezekiel tost 10
   3. Tost s rotkvicama i avokadom 12
   4. Mikrozeleni tost od kobasice i suncokreta 14
   5. Slojeviti tost s avokadom 16
   6. Tost od sušene rajčice i avokada 18
   7. Tost s avokadom i cherry rajčicama 20
   8. Tost s humusom i pečenom crvenom paprikom 22
   9. Tost s pestom i cherry rajčicama 24
   10. Pirjani špinat i feta tost 26
   11. Tost s gljivama i majčinom dušicom 28
   12. Caprese tost 30
   13. Tost s jogurtom od krastavaca i kopra 32
   14. Tost od slatkog krumpira i kozjeg sira 34
TOSTOVI PRELJENI PLODOVIMA MORA 36
   15. Škampi a la Plancha preko tosta sa šafranom Allioli 37
   16. Tost od lososa sa šparogama i jajima 40
   17. Dimljeni losos i krem sir na tostu 42
   18. Tost s avokadom i škampima 44
   19. Tost salata od rakova 46
   20. Tost s tunom i avokadom 48
   21. Cajun tost s škampima 50
   22. Tost s jastogom i avokadom 52
   23. Tost sardine i rajčice 54
   24. Začinjeni tost od tune i Sriracha Mayo 56
TOSTOVI PRELJENI VOĆEM 58
   25. Tostovi sa smokvama 59
   26. Tost s grejpom i avokadom 61
   27. Tost od zmajevog voća i avokada 63
   28. Tost sa zmajevim voćem i maslacem od badema 65
   29. Tost od nara i badema 67
TOST PRELJEVAN SIROM 69
   30. Tost s mentom i ricottom 70
   31. Pizza tost 72
   32. Ricotta tost od grejpa 74
   33. Tost s ricottom i medom 76

34. Sir na tostu 78
35. Tost tapenada od fete i maslina 80

TOST PRELJEVAN MESOM 82

36. Kremirana šunka na tostu 83
37. Tost s avokadom i slaninom s mikrozelenjem od mrkve 85
38. Tost s kobasicama i gljivama 88
39. Tost s puretinom i brusnicama 90
40. Odrezak i tost s plavim sirom 92
41. Tost sa slaninom i avokadom 94
42. Tost od šunke i ananasa 96
43. Tost s piletinom i pestom 98

FRANCUSKI TOST 100

44. Francuski tost začinjen čajem 101
45. Klasični francuski tost s cimetom 103
46. Francuski tost s rabarbarom 105
47. Prosecco francuski tost 107
48. Mocha francuski tost 109
49. tost s bobicama i krem sirom 111
50. Francuski tost s limunskom rikotom 113
51. Francuski tost s karamelom od jabuka 115
52. Francuski tost štapići sa skutom od mandarina 117
53. Francuski tost s korom od kukuruznih pahuljica 119
54. Francuski tost od marakuje 121
55. Zapečeni Limoncello francuski tost 123
56. Piña Colada francuski tost 125
57. tost s ananasom i kokosom na žaru 127
58. Francuski tost s kivijem 129
59. Francuski tost s borovnicama pečen na drva 131
60. Honeycomb Candy francuski tost 133
61. Dalgona francuski tost 135
62. Pavlova francuski tost 137
63. tost rolnice s nutelom i cimetom 139
64. Schwarzwald francuski tost 141
65. Francuski tost kolač od sira s jagodama 144
66. PB&J francuski tost 146
67. Toblerone francuski tost 148
68. Oreo francuski tost 150
69. Nutella francuski tost 152
70. S'mores francuski tost 154
71. Marshmallow francuski tost rolnice 156
72. Francuski tost sa slanom karamelom i pekanom 158
73. Mascarpone francuski tost s borovnicama 160
74. Francuski tost umotan u slaninu 162
75. Açaí zalogaji francuskog tosta 164

76. Pink Lemonade francuski tost 166
77. Jabuke French Toast Lazanje 168
78. Wonton francuski tost 170
79. Tost s breskvom i krem sirom 172
80. Crno vino Francuski tost 174
81. Ube-punjeni francuski tost 176
82. Crveni baršunasti francuski tost 178
83. Francuski tost Soufflé 180
84. Cannoli punjeni francuski tost 182
85. Zapečeni francuski tost na pladnju s Yuzu skutom 184
86. Tost pečen s jabukom i cimetom 187
87. Zapečeni francuski tost s brusnicama 189
88. Krema od borovnica s francuskim tostom 191
89. Pita od bundeve francuski tost 193
90. Tost s limunom i makom 195
91. Francuski tost s ananasom i sirom 197
92. Ham i francuski tost sa švicarskim sirom 199
93. Francuski tost s pečenim grožđama 201
94. Pečeni tost s nogom od jaja 203
95. Kahlua francuski tost 205
96. Jack Daniel's francuski tost s breskvom 207
97. Amaretto francuski tost 209
98. Bailey's šiljati francuski tost 211
99. Grand Marnier francuski tost 213
100. Francuski tost s rumom i kokosom 215

ZAKLJUČAK 217

UVOD

U ovoj kuharici pozivamo vas da krenete na putovanje izvan uobičajenih doručaka i naučite tajne izrade ozbiljno dobrog tosta - svaki komad mješavina je izvrsnih okusa, tekstura i kulinarskog užitka.

Zamislite da se probudite uz miris svježe prepečenog kruha, znajući da će vaš dan započeti s prekrasnim remek-djelom nadahnutim tostom. Ova knjiga nije samo popis recepata; to je slavlje magije koja se događa kada jednostavnost spojite s kreativnošću, čineći tostiranje oblikom umjetnosti.

"Umjetnost i majstorstvo ozbiljno dobrog tosta" potiče vas da isprobate razne okuse, od klasičnih do odvažnih. Zamislite beskrajne mogućnosti - avokado i poširana jaja, cimet s orašastim plodovima u medu ili ukusna mješavina dimljenog lososa i krem sira. Ova kuharica vaš je vodič za otkrivanje čuda skrivenih u jednostavnoj šniti kruha.

Dok istražujete ozbiljno dobar tost, pripremite se za razumijevanje pojedinosti savršenog tostiranja. Naučite delikatnu ravnotežu između hrskavog i nježnog, mješavinu slatkog i slanog i užitak pretvaranja svakodnevnog kruha u kulinarsko remek-djelo. Bez obzira jeste li iskusni kuhar ili jednostavno volite doručak, ove vas stranice pozivaju da svoja jutra učinite posebnima.

Dakle, pođite s nama na ovo okusno putovanje, gdje ozbiljno dobar tost postaje platno za vašu kulinarsku kreativnost. Neka vašu kuhinju ne ispuni samo ugodan miris svježe ispečenog kruha, već i radost i kreativnost koja dolazi sa svakim zalogajem. Neka umjetnost i majstorstvo ozbiljno dobrog tosta dodaju malo čarolije vašem doručku, stvarajući trenutke sreće koji traju i nakon posljednjeg zalogaja.

Dok listate stranice, neka avantura počne - putovanje koje nadilazi uobičajeno i pretvara svakodnevicu u nešto nesvakidašnje. Živjeli za jutra puna umjetnosti i majstorstva ozbiljno dobrog tosta!

TOSTOVI S POVRĆEM

1.Tostovi s pirjanom blitvom

SASTOJCI:
- Kriške kruha
- Maslinovo ulje
- Kremasti sir
- 1 luk, narezan na ploške
- 1 češanj češnjaka, narezan na ploške
- 1 vezica listova blitve, opranih, bez bijele peteljke i nasjeckanih
- Pahuljice čili papričice (po želji)
- Crni papar

UPUTE:
a) Zagrijte maslinovo ulje u velikoj tavi na srednje jakoj vatri. Dodajte narezani luk i kuhajte uz često miješanje dok lagano ne porumeni, što bi trebalo trajati oko 10 minuta.
b) Luk začinite prstohvatom soli.
c) Dodajte češnjak i papar (ako ga koristite) i kuhajte oko 30 sekundi dok ne zamiriše.
d) Zatim na vrh naslagati nasjeckanu blitvu, po mogućnosti poklopit posudu i kuhati 4 do 5 minuta ili dok listovi blitve ne počnu venuti.
e) Otklopite posudu, hvataljkama presložite listove i nastavite kuhati blitvu dok tekućina iz posude ne ispari. Začinite solju i paprom po potrebi. Ostavite ovu smjesu sa strane.
f) Kriške kruha premažite maslinovim uljem i kratko ih prepecite u pećnici dok ne postanu lagano hrskave.
g) Tople prepečene kriške kruha namažite slojem krem sira, a zatim ih nadjenite kuhanim listovima blitve. Pospite dodatnim crnim paprom za dodatni okus.

2.Avokado , jaja i Ezekiel tost

SASTOJCI:
- 4 kriške Ezekiel kruha
- 1 žlica maslinovog ulja
- 4 velika jaja
- 2 manja zrela avokada, bez koštica i kore
- Košer sol i crni papar po ukusu
- 2 žlice soka od limuna
- Ukiseljeni crveni luk

UPUTE:
a) U velikoj neljepljivoj tavi zagrijte ulje na srednje jakoj vatri.
b) Kriške kruha stavite na lim za pečenje i pecite dok ne porumene s obje strane.
c) Zagrijte ulje u istoj pripremljenoj tavi na srednje niskoj temperaturi.
d) Razbijte jaja u tavu i kuhajte 6-8 minuta ili dok se bjelanjci ne stvrdnu, a žumanjak ne skuha po vašoj želji.
e) U međuvremenu izgnječite avokado sa solju, paprom i limunovim sokom na plitkom tanjuru.
f) Za slaganje kruha po vrhu pospite žličicu zgnječenog avokada.
g) Začinite s prstohvatom soli i svježe mljevenim paprom te na vrh stavite 1 pečeno jaje. Uživajte uz ukiseljeni crveni luk sa strane!

3.Tost s rotkvicama i avokadom

SASTOJCI:
- 2 kriške kruha od cjelovitog zrna, prepečenog
- 1 zreli avokado, zgnječen
- 4-6 rotkvica tanko narezanih
- Posolite i popaprite po ukusu

UPUTE:
a) Na prepečene kriške kruha ravnomjerno rasporedite pasirani avokado.
b) Na vrh stavite narezane rotkvice.
c) Pospite solju i paprom.
d) Uživajte kao otvoreni sendvič.

4.Mikrozeleni tost od kobasice i suncokreta

SASTOJCI:
- 1 veliki zreli avokado
- 1 karika kobasice, nasjeckana
- 2 kriške vašeg omiljenog kruha, prepečenog
- 1 mala limeta
- Himalajska morska sol
- 4 cherry rajčice, prerezane na pola
- Šaka suncokretovog mikrozelenja
- 1 ½ žlica maslinovog ulja
- Sjemenke konoplje

UPUTE:

a) Ogulite i izrežite avokado. Zgnječite avokado stražnjom stranom vilice na dasci za rezanje.

b) U avokado utisnite pola limete, posolite i popaprite te sve zajedno zgnječite vilicom.

c) Zagrijte ½ žlice maslinovog ulja u maloj tavi. Dodajte kobasicu. Kuhajte dok lagano ne porumene, zatim maknite s vatre i ostavite sa strane.

d) Premažite malu količinu maslinovog ulja na jednu stranu svake kriške kruha prije sastavljanja.

e) Podijelite smjesu od avokada na dvije kriške kruha. Dodajte rajčice i kobasicu.

f) Završite posipanjem sjemenki konoplje, malo soka od limete i vašim omiljenim mikrozelenjem.

5. Slojeviti tost s avokadom

SASTOJCI:
- 1 žlica maslaca bez mliječnih proizvoda
- 4 unce ekstra čvrstog tofua, ocijeđenog i protisnutog
- ¼ žličice crne soli
- ¼ žličice luka u prahu
- Prstohvat kurkume
- 1 avokado
- Prstohvat mljevenog crnog papra
- 1 žličica soka od limete
- 2 kriške kruha od proklijalih žitarica

UPUTE:
a) Dodajte maslac u tavu i zagrijte ga na srednje jakoj vatri. Izmrvite tofu u tavu. Pospite solju, lukom u prahu i kurkumom i pirjajte oko 4 minute, pazeći da je tofu sitno izmrvljen.
b) U maloj zdjelici zgnječite avokado s paprom i sokom limete.
c) Tostirajte kruh. Na svaki komad tosta rasporedite polovinu pripremljenog avokada. Na svaki komad tosta stavite polovinu pripremljenog tofua. Prerežite tostove na pola pod kutom.

6.Tost od sušene rajčice i avokada

SASTOJCI:
- 2 kriške kruha, tostirane
- 1 zreli avokado, zgnječen
- 2 žlice nasjeckanih sušenih rajčica
- 1 žlica nasjeckanog svježeg peršina
- Posolite i popaprite po ukusu

UPUTE
a) Preko tosta rasporedite pasirani avokado.
b) Na vrh avokada pospite sušene rajčice i peršin.
c) Posolite i popaprite.

7. Tost s avokadom i cherry rajčicama

SASTOJCI:
- 2 kriške kruha od cjelovitih žitarica
- 1 zreli avokado
- 1 šalica cherry rajčica, prepolovljenih
- Posolite i popaprite po ukusu
- Pahuljice crvene paprike (po želji)
- Svježi cilantro ili peršin za ukras

UPUTE:
a) Tostirajte kriške kruha po želji.
b) Zreli avokado zgnječite i ravnomjerno rasporedite po tostiranom kruhu.
c) Na avokado nadjenite prepolovljene cherry rajčice.
d) Po želji začinite solju, paprom i listićima crvene paprike.
e) Ukrasite svježim cilantrom ili peršinom.
f) Poslužite odmah i uživajte!

8.Tost s humusom i pečenom crvenom paprikom

SASTOJCI:
- 2 kriške kruha od kiselog tijesta
- 1/2 šalice humusa
- 1/2 šalice pečene crvene paprike, narezane na ploške
- Maslinovo ulje za podlijevanje
- Listovi svježeg bosiljka za ukras
- Posolite i popaprite po ukusu

UPUTE:
a) Prepecite kriške kruha od dizanog tijesta.
b) Svaku krišku namažite velikim slojem humusa.
c) Po vrhu stavite ploške pečene crvene paprike.
d) Pokapajte maslinovim uljem i začinite solju i paprom.
e) Ukrasite listićima svježeg bosiljka.
f) Poslužite i uživajte u tostu s humusom i pečenom crvenom paprikom!

9.Tost s pestom i cherry rajčicama

SASTOJCI:
- 2 kriške ciabatta kruha
- 1/4 šalice pesta od bosiljka
- 1 šalica cherry rajčica, prepolovljenih
- Balsamic glazura za prelijevanje
- Kuglice svježe mozzarelle (po želji)
- Listovi svježeg bosiljka za ukras
- Posolite i popaprite po ukusu

UPUTE:
a) Tostirajte kriške ciabatta kruha.
b) Svaku krišku namažite slojem pesta od bosiljka.
c) Po želji stavite prepolovljene cherry rajčice i kuglice svježe mozzarelle.
d) Prelijte glazurom od balzama.
e) Posolite i popaprite.
f) Ukrasite listićima svježeg bosiljka.
g) Poslužite odmah i uživajte u izvrsnim okusima.

10. Pirjani špinat i feta tost

SASTOJCI:
- 2 kriške kruha od cjelovitih žitarica
- 2 šalice svježeg špinata, opranog i nasjeckanog
- 1 režanj češnjaka, samljeven
- 1/4 šalice feta sira, izmrvljenog
- Limunova korica
- Maslinovo ulje za pirjanje
- Posolite i popaprite po ukusu

UPUTE:
a) Prepecite kriške kruha od cjelovitog zrna.
b) U tavi na maslinovom ulju pirjajte nasjeckani češnjak dok ne zamiriše.
c) U tavu dodajte nasjeckani špinat i pirjajte dok ne uvene.
d) Posolite i popaprite.
e) Pirjani špinat ravnomjerno rasporedite po tostiranom kruhu.
f) Na vrh izmrvite feta sir.
g) Završite posipanjem limunove korice.

11.Tost s gljivama i majčinom dušicom

SASTOJCI:
- 2 kriške obrtničkog kruha
- 1 šalica gljiva, narezanih na ploške
- 1 žlica maslinovog ulja
- 1 žličica svježeg lišća timijana
- Posolite i popaprite po ukusu
- Naribani parmezan za preljev

UPUTE:
a) Tostirajte kriške zanatskog kruha.
b) U tavi zagrijte maslinovo ulje i pirjajte narezane gljive dok ne omekšaju.
c) Začinite solju, paprom i listićima svježeg timijana.
d) Pirjane gljive rasporedite po tostiranom kruhu.
e) Odozgo stavite ribani parmezan.
f) Poslužite i uživajte u tostu s gljivama i majčinom dušicom!

12. Caprese tost

SASTOJCI:
- 2 kriške talijanskog kruha
- 1 veća zrela rajčica, narezana na ploške
- Svježi sir mozzarella, narezan na ploške
- Listovi svježeg bosiljka
- Balsamic glazura za prelijevanje
- Posolite i popaprite po ukusu

UPUTE:
a) Tostirajte kriške talijanskog kruha.
b) Na prepečeni kruh naizmjenično slažite ploške rajčice i mozzarelle.
c) Listove svježeg bosiljka ugurajte između ploški rajčice i mozzarelle.
d) Prelijte glazurom od balzama.
e) Posolite i popaprite.
f) Poslužite odmah i uživajte u okusima Caprese tosta!

13. Tost s jogurtom od krastavaca i kopra

SASTOJCI:
- 2 kriške raženog kruha
- 1/2 šalice grčkog jogurta
- 1/2 krastavca, tanko narezanog
- Svježi kopar, nasjeckan
- Sok od limuna
- Posolite i popaprite po ukusu

UPUTE:
a) Tostirajte kriške raženog kruha.
b) Grčki jogurt pomiješajte s nasjeckanim svježim koprom.
c) Preko tostiranog kruha premažite smjesu od kopra i jogurta.
d) Po vrhu rasporedite krastavce narezane na tanke ploške.
e) Preko krastavaca iscijedite malo limunovog soka.
f) Posolite i popaprite.
g) Poslužite i uživajte u osvježavajućem tostu s jogurtom od krastavaca i kopra!

14. Tost od slatkog krumpira i kozjeg sira

SASTOJCI:
- 2 kriške kruha sa više žitarica
- 1 mali slatki krumpir, tanko narezan i pečen
- 2 unce kozjeg sira
- Med za podlijevanje
- Svježi ružmarin, nasjeckan
- Posolite i popaprite po ukusu

UPUTE:
a) Prepecite kriške kruha sa više zrna.
b) Svaku krišku namažite slojem kozjeg sira.
c) Po vrhu rasporedite tanko narezan i pečen batat.
d) Prelijte medom.
e) Pospite svježim nasjeckanim ružmarinom.
f) Posolite i popaprite.
g) Poslužite odmah i uživajte u slatko-slanoj kombinaciji!

TOSTOVI PRELJENI PLODOVIMA MORA

15. Škampi a la Plancha preko tosta sa šafranom Allioli

SASTOJCI:
ALLIOLI
- 1 veliki prstohvat šafrana
- 1 veliki žumanjak
- 1 češanj češnjaka, sitno nasjeckan
- 1 žličica košer soli
- 1 šalica ekstra djevičanskog maslinovog ulja, po mogućnosti španjolskog
- 2 žličice soka od limuna, plus još ako je potrebno

KOZICE
- Četiri kriške seoskog kruha debljine ½ inča
- 2 žlice kvalitetnog ekstra djevičanskog maslinovog ulja, po mogućnosti španjolskog
- Jumbo od 1½ funte
- 20-count peel-on škampi
- Košer soli
- 2 limuna prepolovljena
- 3 češnja češnjaka, sitno nasjeckana
- 1 žličica svježe mljevenog crnog papra
- 1 šalica suhog šerija
- 2 žlice grubo nasjeckanog plosnatog peršina

UPUTE:
a) Napravite aioli: U maloj tavi na srednje jakoj vatri tostirajte šafran dok ne postane krhak, 15 do 30 sekundi.

b) Okrenite ga na tanjurić i stražnjom stranom žlice zdrobite. U srednje veliku zdjelu dodajte šafran, žumanjke, češnjak i sol i snažno miješajte dok se dobro ne sjedine.

c) Počnite dodavati nekoliko kapi maslinovog ulja, temeljito miješajući između dodavanja, dok se aioli ne počne zgušnjavati, zatim ukapajte preostalo ulje u smjesu u vrlo sporom i postojanom mlazu, muteći aioli dok ne postane gust i kremast.

d) Dodajte limunov sok, kušajte i prema potrebi dopunite s još limunovog soka i soli. Prebacite u manju posudu, pokrijte plastičnom folijom i ohladite.

e) Napravite tostove: Postavite rešetku u pećnici u najviši položaj, a brojler na najvišu. Stavite kriške kruha na obrubljeni lim za pečenje i premažite obje strane kruha 1 žlicom ulja.

f) Tostirajte kruh dok ne porumeni, oko 45 sekundi. Okrenite kruh i pecite drugu stranu (pažljivo promatrajte brojlera, jer intenzitet brojlera varira), 30 do 45 sekundi duže. Izvadite kruh iz pećnice i stavite svaku krišku na tanjur.

g) U veliku zdjelu stavite škampe. Nožem za guljenje napravite plitki prorez na zakrivljenom stražnjem dijelu škampa, uklanjajući žilu (ako postoji) i ostavljajući ljusku netaknutom. Zagrijte veliku tavu s debelim dnom na srednje jakoj vatri dok se gotovo ne počne dimiti, 1½ do 2 minute.

h) Dodajte preostalu 1 žlicu ulja i kozice. Pospite dobar prstohvat soli i sok od polovice limuna preko škampa i kuhajte dok se škampi ne počnu uvijati, a rubovi ljuske ne porumene 2 do 3 minute.

i) Hvataljkama preokrenite škampe, pospite s još soli i sokom od druge polovice limuna i kuhajte dok škampi ne postanu jarko ružičasti, otprilike 1 minutu duže. Napravite udubinu u sredini tave i umiješajte češnjak i crni papar; kada češnjak zamiriše, nakon otprilike 30 sekundi, dodajte sherry, pustite da lagano kuha i umiješajte smjesu češnjaka i šerija u kozice.

j) Kuhajte, miješajući i stružući smeđe komadiće s dna tave u umak. Ugasite vatru i iscijedite sok druge polovice limuna. Preostalu polovicu limuna narežite na kriške.

k) Namažite vrh svake kriške kruha velikom žlicom aiolija od šafrana.

l) Podijelite škampe na tanjure i svaku porciju prelijte umakom. Pospite peršinom i poslužite s kriškama limuna.

16.Tost od lososa sa šparogama i jajima

SASTOJCI:
- 2 fileta lososa
- 1 vezica šparoga, orezana
- 2 debele kriške prepečenog kruha od dizanog tijesta, svježe narezanog
- 2 jaja slobodnog uzgoja

UPUTE:
a) Izvadite filete iz vanjske vrećice, a zatim ih (dok su zamrznuti i još u pojedinačnim vrećicama) stavite u tavu i prelijte hladnom vodom. Pustite da zavrije i lagano kuhajte 15 minuta.
b) Kada su pečeni, izvadite filete lososa iz vrećica i stavite ih na tanjur dok slažete jelo.
c) Dok se losos kuha, napravite holandez. Stavite staklenu posudu otpornu na toplinu na lonac koji ste do pola napuni i vodom i lagano kuhali na laganoj vatri. Sada otopite maslac u zasebnoj maloj tavi i zatim ga maknite s vatre.
d) Odvojene žumanjke stavite u zdjelu iznad tople vode i počnite miksati uz postupno dodavanje octa od bijelog vina.
e) Nastavite miješati dok zatim dodajete otopljeni maslac. Smjesa će se sjediniti i oblikovati ukusno gladak, gust umak.
f) Dodajte nekoliko kapljica soka od limuna ako vam se umak čini pregust. Lagano začinite s malo soli i malo svježe mljevenog crnog papra.
g) Napunite tavu kipućom vodom iz kuhala i lagano kuhajte na srednjoj vatri, dodajući prstohvat morske soli. Razbijte jaja pojedinačno u šalice, a zatim promiješajte vodu da se pokrene prije dodavanja jaja, jedno po jedno.
h) Ostavite da se kuha – 2 minute za meko jaje, 4 minute za čvršće.
i) Izvadite iz posude šupljikavom žlicom da se ocijedi. Zatim stavite osam komada šparoga u posudu s kipućom vodom i kuhajte 1 - 1½ minute dok ne omekšaju. U međuvremenu stavite tost da se kuha.
j) Premažite tost maslacem i na vrh stavite šparoge, zatim poširano jaje, žlicu-dvije holandeze i na kraju poširani file lososa.
k) Začinite morskom soli i mljevenim crnim paprom i odmah pojedite!

17. Dimljeni losos i krem sir na tostu

SASTOJCI:
- 8 kriški francuskog bageta ili raženog kruha
- ½ šalice omekšalog krem sira
- 2 žlice bijelog luka, tanko narezanog
- 1 šalica dimljenog lososa, narezanog na kriške
- ¼ šalice neslanog maslaca
- ½ žličice talijanskog začina
- Listovi kopra, sitno nasjeckani
- Posolite i popaprite po ukusu

UPUTE:
a) U manjoj tavi rastopite maslac i postupno dodajte talijanske začine. Smjesu rasporedite po kriškama kruha.
b) Tostirajte ih nekoliko minuta pomoću tostera za kruh.
c) Prepečeni kruh premažite s malo krem sira. Zatim nadjenite dimljeni losos i tanke ploške crvenog luka. Ponavljajte postupak dok ne iskoristite sve kriške tostiranog kruha.
d) Prebacite na pladanj za posluživanje i po vrhu ukrasite sitno nasjeckanim listićima kopra.

18. Tost s avokadom i škampima

SASTOJCI:
- 2 kriške kruha od kiselog tijesta
- 1/2 funte kuhanih škampa, oguljenih i očišćenih
- 1 zreli avokado, zgnječen
- Cherry rajčice, prepolovljene
- Svježi cilantro za ukras
- Kriške limete
- Posolite i popaprite po ukusu

UPUTE:
a) Prepecite kriške kruha od dizanog tijesta.
b) Na svaku krišku ravnomjerno rasporedite pasirani avokado.
c) Na vrh stavite kuhane škampe i prepolovljene cherry rajčice.
d) Posolite i popaprite.
e) Ukrasite svježim cilantrom.
f) Poslužite s kriškama limete sa strane.

19.Tost salata od rakova

SASTOJCI:
- 2 kriške kruha od cjelovitih žitarica
- 1/2 funte grudastog mesa rakova, prebranog za školjke
- 1/4 šalice majoneze
- 1 žlica Dijon senfa
- 1 stabljika celera, sitno nasjeckana
- 1 mladi luk, sitno narezan
- Začin od starog zaljeva
- kriške limuna

UPUTE:
a) Prepecite kriške kruha od cjelovitog zrna.
b) U zdjeli pomiješajte meso rakova, majonezu, dijon senf, nasjeckani celer i narezani mladi luk.
c) Začinite Old Bay začinom po ukusu.
d) Na tostirani kruh namažite salatu od rakova.
e) Poslužite s kriškama limuna sa strane.

20.Tost s tunom i avokadom

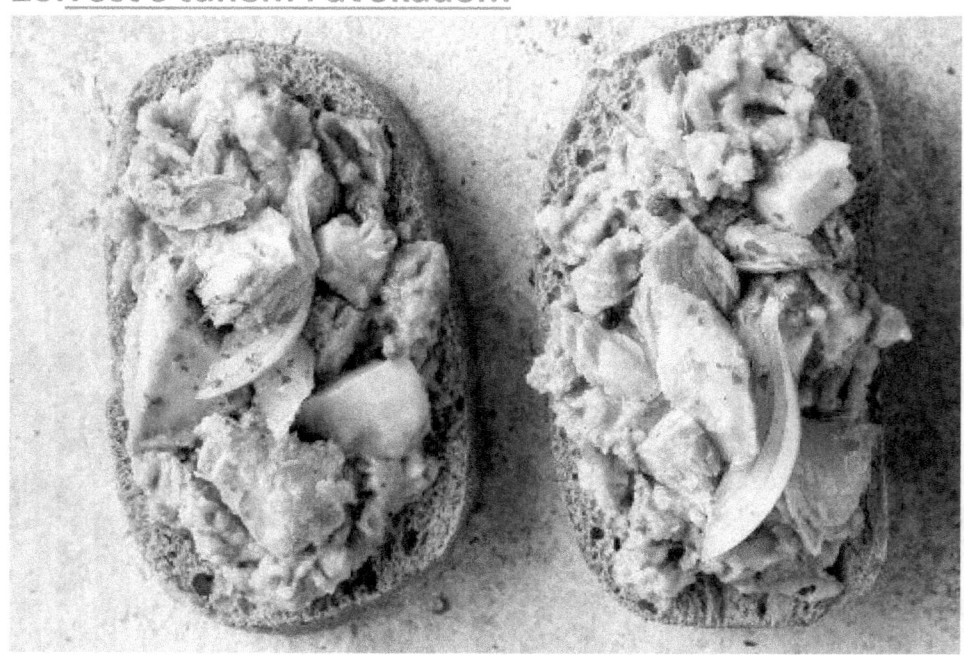

SASTOJCI:
- 2 kriške kruha sa više žitarica
- 1 limenka (5 unci) tune, ocijeđene
- 1/2 avokada, narezanog
- Crveni luk sitno narezan
- Cherry rajčice, prepolovljene
- Maslinovo ulje za podlijevanje
- Posolite i popaprite po ukusu

UPUTE:
a) Prepecite kriške kruha sa više zrna.
b) U zdjeli pomiješajte ocijeđenu tunjevinu sa soli i paprom.
c) Smjesu od tunjevine namažite na prepečeni kruh.
d) Na vrh stavite narezani avokado, crveni luk i prepolovljene cherry rajčice.
e) Pokapati maslinovim uljem.
f) Po potrebi dodatno začinite solju i paprom.

21.Cajun tost s škampima

SASTOJCI:
- 2 kriške francuskog kruha ili bageta
- 1/2 funte velikih škampa, oguljenih i očišćenih
- Cajun začin
- 2 žlice maslinovog ulja
- Češnjak u prahu
- kriške limuna
- Nasjeckani peršin za ukras

UPUTE:
a) Tostirajte kriške francuskog kruha ili baguettea.
b) Začinite škampe Cajun začinima i češnjakom u prahu.
c) U tavi zagrijte maslinovo ulje i pirjajte kozice dok ne budu kuhane.
d) Stavite Cajun škampe na tostirani kruh.
e) Ukrasite nasjeckanim peršinom i poslužite s kriškama limuna.

22. Tost s jastogom i avokadom

SASTOJCI:
- 2 kriške obrtničkog kruha
- 1/2 funte kuhanog mesa jastoga, nasjeckanog
- 1 zreli avokado, zgnječen
- Cherry rajčice narezane na ploške
- Vlasac za ukras
- Kriške limete
- Posolite i popaprite po ukusu

UPUTE:
a) Tostirajte kriške zanatskog kruha.
b) Na svaku krišku namažite pasirani avokado.
c) Na vrh stavite nasjeckano meso jastoga i narezane cherry rajčice.
d) Posolite i popaprite.
e) Ukrasite vlascem i poslužite s kriškama limete.

23.Tost sardine i rajčice

SASTOJCI:
- 2 kriške kruha od cjelovitih žitarica
- 1 konzerva (4,4 unce) sardina u maslinovom ulju
- 1 šalica cherry rajčica, prepolovljenih
- Crveni luk sitno narezan
- Listovi svježeg bosiljka za ukras
- Balsamic glazura za prelijevanje
- Posolite i popaprite po ukusu

UPUTE:
a) Prepecite kriške kruha od cjelovitog zrna.
b) Srdele ocijedite i posložite na prepečeni kruh.
c) Na vrh stavite prepolovljene cherry rajčice i narezani crveni luk.
d) Ukrasite listićima svježeg bosiljka.
e) Prelijte glazurom od balzama.
f) Posolite i popaprite.

24.Začinjeni tost od tune i Sriracha Mayo

SASTOJCI:
- 2 kriške raženog kruha
- 1 konzerva (5 unci) začinjene tune, ocijeđene
- 2 žlice majoneze
- 1 žlica Sriracha umaka (po želji)
- Kriške krastavca
- Zeleni luk, narezan na ploške
- Sezamove sjemenke za ukras

UPUTE:
a) Tostirajte kriške raženog kruha.
b) U zdjeli pomiješajte pikantnu tunjevinu s majonezom i Sriracha umakom.
c) Začinjenu smjesu od tunjevine namažite na tostirani kruh.
d) Na vrh stavite kriške krastavca i narezani mladi luk.
e) Pospite sezamom za ukras.
f) Uživajte u začinjenom tostu od tune i sriracha majoneza!

TOSTOVI PRELJENI VOĆEM

25. Tostovi sa smokvama

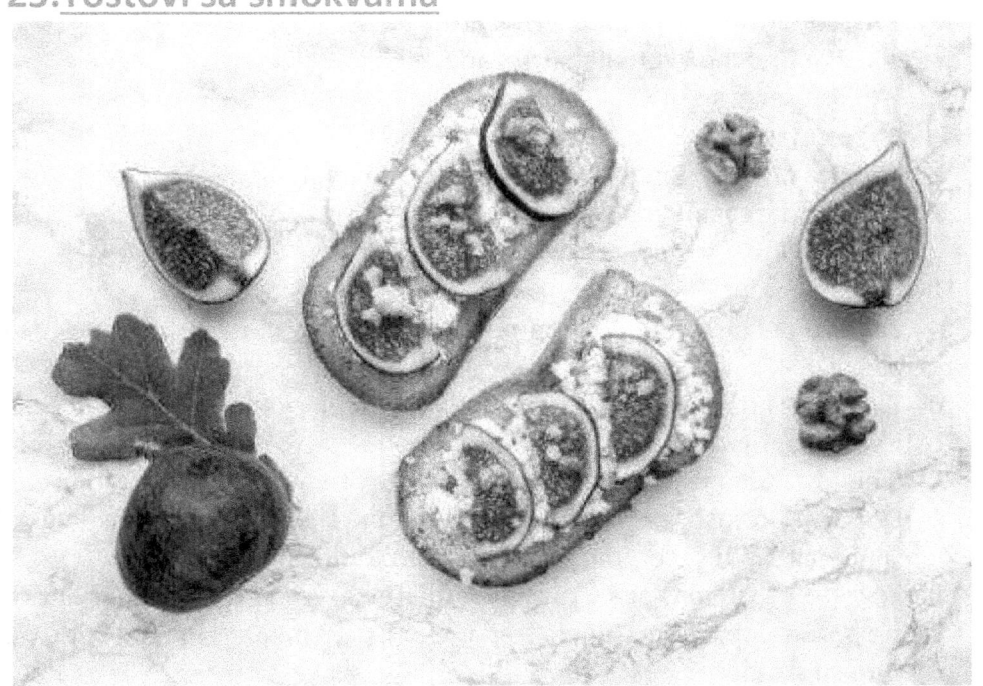

SASTOJCI:
- 12 srednjih smokava (oko 1 ½ funte)
- 4 kriške Brioche ili Challah, izrezane 1 inč debljine
- ½ šalice šećera
- 3 žlice maslaca
- ½ šalice običnog jogurta, miješajte dok ne postane glatko
- ¼ šalice narezanih badema

UPUTE:
a) Zagrijte pećnicu na 500 stupnjeva Fahrenheita ili na najvišu moguću postavku.
b) Tostirajte kriške kruha tako da ih stavite direktno na rešetku pećnice i tostirate u zagrijanoj pećnici dok ne porumene, što bi trebalo trajati oko 4 do 5 minuta. Kada je gotov, tostirani kruh stavite na 4 zagrijana tanjura.
c) Dok se kruh tostira, smokvama odrežite peteljke. Prerežite smokve na pola i umočite ih u šećer, pazeći da su dobro obložene .
d) Zagrijte 1 žlicu maslaca u tavi, pa dodajte narezane bademe. Pirjajte ih dok ne porumene, što bi trebalo trajati oko 2 do 3 minute. Pržene bademe ostavite sa strane.
e) U istoj tavi zagrijte preostali maslac dok ne zapjeni. Dodajte smokve s prerezanom stranom prema dolje i pirjajte ih dok ne budu gotove, okrećući ih jednom. To bi trebalo trajati oko 3 do 4 minute.
f) Stavite pirjane smokve na prepečene kriške kruha i žlicom prelijte sok iz tave.
g) Svaki tost prelijte jogurtom i pospite prženim bademima.
h) Poslužite tost sa smokvama odmah kako biste osigurali da će tost ostati hrskav.
i) Uživajte u ukusnim tostovima sa smokvama!

26.Tost s grejpom i avokadom

SASTOJCI:
- 1 kriška kruha od dizanog tijesta
- ½ avokada, pasiranog
- 1 grejpfrut, segmentirano
- Prstohvat pahuljica crvene paprike
- Pokapati maslinovim uljem

UPUTE
a) Tostirajte kruh do željene razine hrskavosti.
b) Rasporedite pasirani avokado po vrhu tosta.
c) Prelijte komadićima grejpa, prstohvatom pahuljica crvene paprike i malo maslinovog ulja.
d) Poslužite odmah.

27.Tost od zmajevog voća i avokada

SASTOJCI:
- 1 zmajevo voće
- 1 avokado
- 2 kriške kruha od cjelovitog zrna
- 1 žlica soka od limuna
- Sol i papar, po ukusu

UPUTE
a) Dragon fruit prerežite na pola i izdubite meso.
b) Avokado prepolovite i izvadite košticu.
c) Izdubite meso avokada i zgnječite ga u posudi.
d) Umiješajte limunov sok, sol i papar.
e) Prepecite kriške kruha.
f) Smjesu avokada rasporedite po tostu.
g) Na vrh stavite narezano dragon voće.
h) Poslužite odmah.

28. Tost sa zmajevim voćem i maslacem od badema

SASTOJCI:
- 1 zmajevo voće
- 2 kriške kruha od cjelovitog zrna
- 2 žlice maslaca od badema
- 1 žlica meda

UPUTE
a) Dragon fruit prerežite na pola i izdubite meso.
b) Prepecite kriške kruha.
c) Rasporedite maslac od badema na tost.
d) Na vrh stavite narezano dragon voće.
e) Prelijte medom.
f) Poslužite odmah.

29. Tost od nara i badema

SASTOJCI:
- 2 žlice maslaca od badema
- 2 kriške kruha od cjelovitog zrna, prepečenog
- 3 žlice šipka
- 2 žličice prženih, blago posoljenih sjemenki bundeve
- 1 žličica čistog javorovog sirupa

UPUTE:
a) Svaki komad tosta namažite 1 žlicom maslaca od badema.
b) Ravnomjerno stavite vrhove od nara i pepita . Po želji prelijte sirupom.

TOST PRELJEVAN SIROM

30.Tost s mentom i ricottom

SASTOJCI:
- 2 kriške kruha od cjelovitog zrna, prepečenog
- ½ šalice ricotta sira
- ¼ šalice svježih listova mente
- 1 žličica soka od limuna
- 1 žličica meda
- Prstohvat soli

UPUTE
a) U maloj posudi pomiješajte ricotta sir, listiće mente, limunov sok, med i sol.
b) Smjesu ricotte ravnomjerno rasporedite po prepečenim kriškama kruha.
c) Poslužite odmah i uživajte!

31.Pizza tost

SASTOJCI:
- 2 kriške kruha sa više žitarica
- 2 žlice paste od rajčice bez dodane soli
- ½ šalice mozzarelle
- ¼ šalice nasjeckanog ananasa
- 2 kriške šunke, nasjeckane

UPUTE:
a) Posložite 2 kriške kruha na rešetku na emajliranu tacnu.
b) Tostirajte na roštilju 1 4 minute, okrenite i pecite na roštilju još 2 minute.
c) Premažite tost pastom od rajčice i pospite naribanom mozzarellom, a na vrh stavite šunku i ananas.
d) Kuhajte na Combi 1 4 minute ili dok se sir ne otopi i ne počne rumeniti.
e) Narežite i poslužite s prilogom od povrća i nasjeckanog voća.

32.Ricotta tost od grejpa

SASTOJCI:
- 1 kriška kruha od cjelovitih žitarica
- ¼ šalice ricotta sira
- 1 grejpfrut, segmentirano
- 1 žlica meda
- 1 žličica svježeg lišća timijana

UPUTE
a) Tostirajte kruh do željene razine hrskavosti.
b) Rasporedite ricotta sir po vrhu tosta.
c) Po vrhu stavite kriške grejpa, pokapajte medom i pospite listićima timijana.
d) Poslužite odmah.

33.Tost s ricottom i medom

SASTOJCI:
- 4 kriške kruha
- ½ šalice ricotta sira
- 2 žlice meda
- ¼ žličice cimeta
- Sol

UPUTE
a) Tostirajte kruh po želji.
b) U maloj posudi pomiješajte ricottu, med, cimet i prstohvat soli.
c) Smjesu ricotte rasporedite po tostu.
d) Po želji prelijte s dodatnim medom.
e) Poslužite odmah.

34. Sir na tostu

SASTOJCI:
- 4 unce oštrog cheddar sira, naribanog (oko 1 šalice)
- 2 kriške mekanog bijelog kruha za sendviče
- 4 žličice Worcestershire umaka, podijeljene, plus još po želji

UPUTE:
a) Postavite rešetku za pećnicu 4 do 6 inča ispod brojlera, zatim stavite pećnicu da se peče na visokoj temperaturi.
b) Obrubljeni lim za pečenje obložite aluminijskom folijom. Postavite žičanu rešetku unutar lima za pečenje. Naribajte 4 unce oštrog cheddar sira na velike rupe ribeža (oko 1 šalice).
c) Stavite 2 kriške bijelog kruha za sendviče na rešetku. Pecite dok ne porumene, oko 2 minute. Okrenite kruh i pecite ga dok druga strana ne poprimi duboku zlatnosmeđu boju, još oko 2 minute.
d) Izvadite lim za pečenje iz pećnice. U međuvremenu prislonite tostove jedan na drugi da stoje uspravno na rešetki 2 minute kako bi se malo ohladili i hrskavi s obje strane.
e) Položite tostove ravno na rešetku. Podijelite sir na kruh, pazeći da su rubovi potpuno pokriveni kako kora ne bi zagorjela (može izgledati kao da je nagomilan, ali će se otopiti).
f) Pokapajte 2 žličice Worcestershire umaka na svaki tost.
g) Pecite dok sir ne postane mjehurić i duboko zlatno-smeđe boje na točkicama, 2 do 4 minute. Po želji dodajte još malo Worcestershire umaka.
h) Pustite da se ohladi 1 do 2 minute prije posluživanja.

35.Tost tapenada od fete i maslina

SASTOJCI:
- 2 kriške ciabatta kruha
- 1/2 šalice feta sira ili burrate, izmrvljenog
- Tapenada od maslina (kupovna ili domaća)
- Svježi listovi origana
- Maslinovo ulje za podlijevanje

UPUTE:
a) Tostirajte kriške ciabatta kruha.
b) Preko tostiranog kruha ravnomjerno rasporedite izmrvljenu fetu.
c) Žlicom nalijte tapenadu od maslina na vrh fete.
d) Pospite svježe listiće origana.
e) Pokapati maslinovim uljem.
f) Poslužite odmah i uživajte u ukusnom feta tostu i tapenadi od maslina!

TOST PRELJEVAN MESOM

36.Kremirana šunka na tostu

SASTOJCI:
- 1 šalica nasjeckane potpuno kuhane šunke
- ⅓ šalice nasjeckane zelene paprike
- ¼ šalice narezanog celera
- 2 žlice maslaca
- 3 žlice višenamjenskog brašna
- 1-½ šalice mlijeka
- ¼ žličice papra
- ¼ žličice sjemena celera
- 1 tvrdo kuhano veće jaje, nasjeckano
- 5 kriški topljenog američkog sira, narezanih na četvrtine
- 3 kriške tosta, izrezane na trokute

UPUTE
a) U tavi pirjajte celer, zelenu papriku i šunku na maslacu 4-5 minuta.
b) Pospite brašnom; miksajte dok ne postane glatko i mjehurasto. Stavite sjeme celera, papar i mlijeko; dovedite do vrenja. Kuhajte uz miješanje 2 minute.
c) Skinuti s vatre. Stavite sir i jaje; umutiti da se sir otopi. Poslužite preko tosta.

37. Tost s avokadom i slaninom s mikrozelenjem od mrkve

SASTOJCI:
SLANINA OD MRKVE:
- 2 mrkve
- 3 žlice soja umaka
- 1 žlica sezamovog ulja
- 1 žlica paste od rajčice
- 1 žlica tekućeg dima
- 1 žlica javorovog sirupa
- ¼ žličice dimljene paprike
- ¼ žličice češnjaka u prahu
- ¼ žličice luka u prahu
- ¼ žličice papra
- Posolite po ukusu

TOST S AVOKADOM:
- 1 avokado
- 1 prstohvat morske soli
- ¼ žličice svježe mljevenog crnog papra
- 2 cherry rajčice narezane na ploške
- Špek od mrkve
- Hrskavo mikrozelenje od mrkve
- 2 žličice balzamičnog octa
- 2 kriške kruha od kiselog tijesta, prepečenog

UPUTE:
SLANINA OD MRKVE:
a) Zagrijte pećnicu na 400 F.
b) Mrkvu operite, odrežite vrhove i lagano ogulite.
c) Koristeći široku mašinu za guljenje, ako je imate, ogulite dugačke, debele trake sa svake mrkve da podsjećaju na oblik slanine.
d) U zdjeli pomiješajte ostale sastojke osim soli.
e) Položite trakice mrkve u staklenu posudu i prelijte ih marinadom, pazeći da premažete svaki komad. Ostavite da se marinira najmanje 15 minuta.
f) Svaki komad položite na rešetku postavljenu iznad tepsije ili na pleh obložen papirom za pečenje.

g) Kuhajte mrkvu 4 minute, zatim je okrenite i kuhajte dodatnih 3 do 5 minuta, dok ne postane valovita i posmeđi.
h) Izvadite mrkvu iz pećnice i stavite je na rešetku za hlađenje.

TOST S AVOKADOM:
i) Avokado prepolovite i izvadite košticu.
j) Meso avokada zagrabite žlicom i stavite u zdjelu.
k) Začinite avokado solju i crnim paprom.
l) Zgnječite avokado vilicom i rasporedite ga po tostiranom kruhu od kiselog tijesta.
m) Povrh stavite cherry rajčice, slaninu od mrkve i hrskavo mikrozelenje od mrkve.
n) Po vrhu pokapajte balzamični ocat i uživajte!

38.Tost s kobasicama i gljivama

SASTOJCI:
- 2 kriške kruha od kiselog tijesta
- 4 karike kuhane kobasice, narezane na ploške
- 1 šalica gljiva, narezanih na ploške
- 1 žlica maslinovog ulja
- Svježi timijan za ukras
- Posolite i popaprite po ukusu
- Guacamole (po želji)

UPUTE:
a) Prepecite kriške kruha od dizanog tijesta.
b) U tavi na maslinovom ulju pirjajte narezane gljive dok ne omekšaju.
c) Na prepečeni kruh rasporedite guacamole, narezanu kobasicu.
d) Na vrh stavite pirjane gljive.
e) Ukrasite svježim timijanom.
f) Posolite i popaprte.

39. Tost s puretinom i brusnicama

SASTOJCI:
- 2 kriške kruha od cjelovitih žitarica
- 1/2 funte narezanih purećih prsa
- Umak od brusnica
- Kremasti sir
- Pecans, nasjeckani
- Svježi peršin za ukras
- Posolite i popaprite po ukusu

UPUTE:
a) Prepecite kriške kruha od cjelovitog zrna.
b) Svaku krišku namažite slojem krem sira.
c) Na vrh dodajte ploške puretine.
d) Žlicom prelijte umak od brusnica preko puretine.
e) Pospite nasjeckanim pekan orahima.
f) Ukrasite svježim peršinom.
g) Posolite i popaprite.

40.Odrezak i tost s plavim sirom

SASTOJCI:
- 2 kriške bageta ili francuskog kruha
- 1/2 funte odrezak na žaru, narezan
- 2 unce plavog sira, izmrvljenog
- Karamelizirani luk
- Svježi ružmarin za ukras
- Posolite i popaprite po ukusu

UPUTE:
a) Tostirajte kriške baguettea ili francuskog kruha.
b) Na svaki tost posložite kriške pečenog odreska.
c) Pospite izmrvljeni plavi sir preko odreska.
d) Na vrh stavite karamelizirani luk.
e) Ukrasite svježim ružmarinom.
f) Posolite i popaprite.

41.Tost sa slaninom i avokadom

SASTOJCI:
- 2 kriške kruha od cjelovitih žitarica
- 4 kriške slanine, pečene dok ne postanu hrskave
- 1 zreli avokado, narezan na ploške
- Cherry rajčice, prepolovljene
- Rikula za ukras
- Posolite i popaprite po ukusu

UPUTE:
a) Prepecite kriške kruha od cjelovitog zrna.
b) Na svaki tost rasporedite ploške hrskave slanine.
c) Dodajte narezani avokado i prepolovljene cherry rajčice.
d) Ukrasite rikulom.
e) Posolite i popaprite.

42.Tost od šunke i ananasa

SASTOJCI:
- 2 kriške ciabatta kruha
- 1/2 funte tanko narezane šunke
- Kriške ananasa
- Švicarski sir, narendani
- Dijon senf
- Svježi cilantro za ukras
- Posolite i popaprite po ukusu

UPUTE:
a) Tostirajte kriške ciabatta kruha.
b) Svaku krišku namažite dijon senfom.
c) Dodajte kriške šunke i ananasa.
d) Po vrhu pospite naribani švicarski sir.
e) Ukrasite svježim cilantrom.
f) Posolite i popaprite.

43. Tost s piletinom i pestom

SASTOJCI:
- 2 kriške kruha sa više žitarica
- 1/2 funte pilećih prsa na žaru, narezanih
- pesto
- Sušene rajčice narezane na ploške
- Parmezan sir, obrijan
- Listovi svježeg bosiljka za ukras
- Posolite i popaprite po ukusu

UPUTE:
a) Prepecite kriške kruha sa više zrna.
b) Svaku krišku namažite slojem pesta od bosiljka.
c) Po vrhu posložite kriške pečene piletine.
d) Dodati narezane sušene rajčice.
e) Preko tosta pospite naribani parmezan.
f) Ukrasite lisićima svježeg bosiljka.
g) Posolite i popaprite.

FRANCUSKI TOST

44. Francuski tost začinjen čajem

SASTOJCI:
- 1 žlica granuliranog šećera
- 1 žličica mljevenog cimeta
- ¼ žličice mljevenog đumbira
- ¼ žličice kardamoma
- ¼ žličice pimenta
- ¼ žličice mljevenog klinčića
- Prstohvat soli
- 4 velika jaja
- ¾ šalice mlijeka
- 1 ½ žličice ekstrakta vanilije
- 4 žlice maslaca
- 8 kriški brioche ili challah kruha, narezanih ¾-1 inča debljine

UPUTE:
a) U srednjoj, plitkoj zdjeli pjenasto izmiješajte granulirani šećer, mljevene začine (cimet, đumbir, kardamom, piment, klinčić) i prstohvat soli. Ovu mješavinu začina ostavite sa strane.
b) Prethodno zagrijte neprijanjajuću tavu na srednje niskoj temperaturi.
c) U plitkoj posudi umutite jaja, mlijeko i ekstrakt vanilije u smjesu začina.
d) U prethodno zagrijanoj tavi otopite dvije žlice maslaca.
e) Kriške kruha umočite u smjesu za kremu, pazeći da su premazane s obje strane. To bi trebalo trajati oko 2-3 sekunde sa svake strane.
f) Prepržite obložene kriške, radeći u serijama od 2 ili 3 odjednom, ovisno o veličini vaše tave. Pecite oko 3-3 ½ minute sa svake strane ili dok ne porumene, dodajući još maslaca po potrebi.
g) Ponovite postupak s preostalom kremom i kriškama kruha.
h) Francuski tost začinjen čajem poslužite topao, popraćen maslacem i sirupom ili vašim omiljenim dodacima.
i) Uživajte u ukusnom i aromatičnom francuskom tostu začinjenom čajem!

45. Klasični francuski tost s cimetom

SASTOJCI:
- 4 debele kriške kruha (bijeli, brioš ili kala)
- 3 velika jaja
- ½ šalice mlijeka
- 1 žličica ekstrakta vanilije
- 1 žličica mljevenog cimeta
- Maslac za kuhanje
- Javorov sirup za posluživanje

UPUTE:
a) U plitkoj posudi umutite jaja, mlijeko, ekstrakt vanilije i mljeveni cimet.
b) Zagrijte veliku neprijanjajuću tavu ili rešetku na srednje jakoj vatri i otopite malo maslaca.
c) Svaku krišku kruha umočite u smjesu od jaja, pustite da se natopi nekoliko sekundi sa svake strane.
d) Stavite umočeni kruh na vruću tavu i pecite dok ne porumeni sa svake strane, oko 2-3 minute sa svake strane.
e) Poslužite francuski tost topao uz pokapanje javorovog sirupa.

46. Francuski tost s rabarbarom

SASTOJCI:
- 4 kriške kruha
- 2 jaja
- ½ šalice mlijeka
- ¼ šalice nasjeckane rabarbare
- 1 žlica šećera
- ½ žličice cimeta
- Maslac za kuhanje

UPUTE:
a) U zdjeli pjenasto izmiješajte jaja, mlijeko, šećer i cimet.
a) Svaku krišku kruha umočite u smjesu od jaja, pazeći da bude dobro premazana.
b) Po vrhu dvije kriške kruha pospite nasjeckanu rabarbaru, a zatim stavite preostale kriške da napravite sendviče.
c) Zagrijte tavu na srednjoj vatri i dodajte malo maslaca.
d) Pecite svaki francuski tost sendvič dok ne porumeni s obje strane.
e) Poslužite vruće uz prelijevanje javorovim sirupom.

47. Prosecco francuski tost

SASTOJCI:
- 4 kriške kruha (kao što je brioche ili francuski kruh)
- ¾ šalice Prosecca
- ¼ šalice mlijeka
- 2 jaja
- 1 žlica šećera
- ½ žličice ekstrakta vanilije
- Maslac za kuhanje
- Šećer u prahu za posipanje (po želji)
- Svježe bobičasto voće za posluživanje (po želji)

UPUTE:
a) U plitkoj posudi pjenasto izmiješajte Prosecco, mlijeko, jaja, šećer i ekstrakt vanilije.
b) Zagrijte neprijanjajuću tavu ili rešetku na srednje jakoj vatri i otopite komadić maslaca.
c) Svaku krišku kruha umočite u smjesu za prosecco i ostavite da se natopi nekoliko sekundi sa svake strane.
d) Stavite namočeni kruh na tavu i pecite dok ne porumeni sa svake strane, oko 2-3 minute sa svake strane.
e) Ponovite s preostalim kriškama kruha, dodajući još maslaca po potrebi.
f) Prosecco tost pospite šećerom u prahu po želji i poslužite sa svježim bobičastim voćem.

48.Mocha francuski tost

SASTOJCI:
- 4 kriške kruha
- 2 velika jaja
- ¼ šalice mlijeka (mliječnog ili biljnog)
- 1 žlica kakaa u prahu
- 1 žlica granula instant kave
- 1 žlica granuliranog šećera
- Maslac ili ulje za prženje
- Javorov sirup i svježe bobičasto voće za posluživanje (po želji)

UPUTE:
a) U plitkoj posudi umutite jaja, mlijeko, kakao prah, granule instant kave i šećer.
b) Svaku krišku kruha umočite u smjesu i ostavite da se natopi nekoliko sekundi sa svake strane.
c) Zagrijte neprijanjajuću tavu ili rešetku na srednje jakoj vatri i otopite malo maslaca ili ulja.
d) Stavite namočene kriške kruha na tavu i pecite dok ne porumene sa svake strane.
e) Ponovite s preostalim kriškama kruha, dodajući još maslaca ili ulja po potrebi.
f) Poslužite mocha francuski tost s javorovim sirupom i svježim bobičastim voćem, po želji.

49.tost s bobicama i krem sirom

SASTOJCI:
- 8 kriški kruha (bijeli, brioš ili kala)
- 4 unce krem sira, omekšalog
- ½ šalice miješanog bobičastog voća (jagode, borovnice, maline)
- 3 velika jaja
- ½ šalice mlijeka
- 1 žličica ekstrakta vanilije
- Maslac za kuhanje
- Šećer u prahu za posipanje

UPUTE:
a) Omekšali krem sir premažite s jedne strane 4 kriške kruha.
b) Stavite miješano bobičasto voće na kremu od sira i pokrijte s preostale 4 kriške kruha kako biste napravili sendviče.
c) U plitkoj posudi umutite jaja, mlijeko i ekstrakt vanilije.
d) Zagrijte veliku neprijanjajuću tavu ili rešetku na srednje jakoj vatri i otopite malo maslaca.
e) Svaki punjeni sendvič umočite u smjesu od jaja, premažite ga s obje strane.
f) Umočene sendviče stavite na vruću tavu i pecite dok ne porumene sa svake strane, oko 3-4 minute po strani.
g) Poslužite tost topao posipajući ga šećerom u prahu.

50.Francuski tost s limunskom rikotom

SASTOJCI:
- 4 debele kriške kruha (bijeli, brioš ili kala)
- 1 šalica ricotta sira
- Korica od 1 limuna
- 2 žlice šećera
- 3 velika jaja
- ½ šalice mlijeka
- Maslac za kuhanje
- Svježe bobice za preljev

UPUTE:
a) U zdjeli pomiješajte ricotta sir, koricu limuna i šećer dok se dobro ne sjedine.
b) Smjesu ricotte namažite s jedne strane svake kriške kruha.
c) U plitkoj zdjeli umutite jaja i mlijeko.
d) Zagrijte veliku neprijanjajuću tavu ili rešetku na srednje jakoj vatri i otopite malo maslaca.
e) Umočite svaku krišku kruha prekrivenu ricottom u smjesu od jaja, premažite je s obje strane.
f) Umočene kriške stavite na vruću tavu i pecite dok ne porumene sa svake strane, oko 2-3 minute po strani.
g) Poslužite tost topao sa svježim bobicama na vrhu.

51.Francuski tost s karamelom od jabuka

SASTOJCI:
- 4 debele kriške kruha (bijeli, brioš ili kala)
- 1 velika jabuka, oguljena, očišćena od jezgre i narezana na tanke kriške
- 2 žlice maslaca
- 2 žlice smeđeg šećera
- ½ žličice mljevenog cimeta
- 3 velika jaja
- ½ šalice mlijeka
- Maslac za kuhanje
- Karamel umak za posluživanje

UPUTE:
a) U tavi otopite maslac na srednjoj vatri. Dodajte narezanu jabuku, smeđi šećer i mljeveni cimet. Kuhajte dok jabuke ne omekšaju i ne karameliziraju se, oko 5 minuta. Maknite s vatre.
b) U plitkoj zdjeli umutite jaja i mlijeko.
c) Zagrijte veliku neprijanjajuću tavu ili rešetku na srednje jakoj vatri i otopite malo maslaca.
d) Svaku krišku kruha umočite u smjesu od jaja, premažite je s obje strane.
e) Umočene kriške stavite na vruću tavu i pecite dok ne porumene sa svake strane, oko 2-3 minute po strani.
f) Poslužite francuski tost topao, preliven karameliziranim jabukama i prelivom karamel umaka.

52.Francuski tost štapići sa skutom od mandarina

SASTOJCI:
- 2 jaja, istučena
- ¾ šalice mlijeka
- 1 žličica ekstrakta vanilije
- 4 kriške kruha, svaka izrezana na 4 trake
- 1 žlica maslaca
- javorov sirup
- Skuta od mandarina ili omiljena konzervirana hrana

UPUTE:
a) U plitkoj posudi umutite jaja, mlijeko i vaniliju. Umočite trake kruha, dobro ih namočite.

b) Otopite maslac u tavi na srednjoj vatri. Dodajte trakice kruha; pecite dok ne porumeni s obje strane.

c) Poslužite toplo sa sirupom ili konzervama za umakanje.

53. Francuski tost s korom od kukuruznih pahuljica

SASTOJCI:
- 4 kriške kruha
- 2 jaja
- ½ šalice mlijeka
- 1 šalica zdrobljenih kukuruznih pahuljica
- Maslac, za kuhanje
- Javorov sirup i svježe voće, za posluživanje

UPUTE:
a) U plitkoj posudi umutite jaja i mlijeko.
b) U drugu plitku posudu stavite zdrobljene kukuruzne pahuljice.
c) Svaku šnitu kruha umočite u smjesu od jaja, zatim obje strane premažite zdrobljenim cornflakesom, lagano pritisnite da se zalijepi.
d) Zagrijte komadić maslaca u tavi na srednje jakoj vatri.
e) Pecite premazane kriške kruha dok ne porumene i postanu hrskave s obje strane, oko 2-3 minute po strani.
f) Poslužite s javorovim sirupom i svježim voćem.

54. Francuski tost od marakuje

SASTOJCI:
- 8 kriški kruha
- 4 jaja
- ½ šalice mlijeka
- ¼ šalice pulpe marakuje
- 2 žlice maslaca
- Šećer u prahu, za posluživanje

UPUTE:
a) U plitkoj posudi umutite jaja, mlijeko i pulpu marakuje.
b) Zagrijte neprijanjajuću tavu na srednje jakoj vatri i otopite 1 žlicu maslaca.
c) Umočite svaku krišku kruha u smjesu od jaja, premažite obje strane.
d) Pecite kruh u tavi dok ne porumeni s obje strane.
e) Ponovite s preostalim kriškama kruha, dodajući još maslaca po potrebi.
f) Poslužite sa šećerom u prahu i dodatnom pulpom marakuje.

55.Zapečeni Limoncello francuski tost

SASTOJCI:
- 1 štruca francuskog kruha, narezana na ploške debljine 1 inča
- 4 velika jaja
- 1 šalica mlijeka
- ¼ šalice Limoncello likera
- ¼ šalice granuliranog šećera
- 1 žličica ekstrakta vanilije
- Korica od 1 limuna
- Prstohvat soli
- Šećer u prahu i svježe bobičasto voće za posluživanje

UPUTE:
a) Zagrijte pećnicu na 375°F (190°C). Namastite posudu za pečenje dovoljno veliku da u nju stanu kriške kruha u jednom sloju.
b) kriške kruha u pripremljenu posudu za pečenje.
c) U zdjeli za miješanje umutite jaja, mlijeko, Limoncello liker, granulirani šećer, ekstrakt vanilije, koricu limuna i sol.
d) Prelijte smjesu jaja preko kriški kruha, pazeći da je sav kruh obložen .
e) Ostavite kruh da se natopi smjesom oko 10 minuta, lagano ga pritiskajući lopaticom da upije tekućinu.
f) Pecite francuski tost 25-30 minuta, ili dok ne postane zlatan i napuhan.
g) Izvadite iz pećnice i ostavite da se ohladi nekoliko minuta.
h) Pospite pečeni Limoncello francuski tost šećerom u prahu i poslužite sa svježim bobičastim voćem.

56.Piña Colada francuski tost

SASTOJCI:
- 4 kriške kruha
- 2 jaja
- ¼ šalice kokosovog mlijeka
- ¼ šalice soka od ananasa
- ¼ žličice ekstrakta vanilije
- ¼ žličice mljevenog cimeta
- ¼ šalice naribanog kokosa
- Maslac ili ulje za prženje

UPUTE
a) U plitkoj posudi umutite jaja, kokosovo mlijeko, sok od ananasa, ekstrakt vanilije i cimet.
b) Svaku krišku kruha umočite u smjesu od jaja, pazeći da premažete obje strane.
c) Zagrijte tavu na srednjoj vatri i dodajte žlicu maslaca ili ulja.
d) Dodajte kriške kruha u tavu i pecite 2-3 minute sa svake strane, dok ne porumene.
e) Na tost pospite naribani kokos i poslužite sa sirupom.

57. tost s ananasom i kokosom na žaru

SASTOJCI:
- ½ ananasa oguljenog i narezanog na kolutiće
- 6 kriški debelog kruha
- 3 jaja
- ½ šalice kokosovog mlijeka
- ½ žličice ekstrakta vanilije
- ¼ žličice mljevenog cimeta
- ¼ šalice naribanog kokosa
- Javorov sirup za posluživanje

UPUTE
a) Zagrijte roštilj na srednju temperaturu.
b) U zdjeli umutite jaja, kokosovo mlijeko, ekstrakt vanilije i mljeveni cimet.
c) Kriške kruha umočite u smjesu od jaja, pa premažite naribanim kokosom.
d) Kriške ananasa pecite na grilu 2-3 minute sa svake strane dok se ne karameliziraju.
e) Pecite kriške kruha 2-3 minute sa svake strane dok ne porumene.
f) Poslužite francuski tost preliven ananasom na žaru i javorovim sirupom.

58. Francuski tost s kivijem

SASTOJCI:
- 4 debele kriške kruha (bijeli, brioš ili kala)
- 2 zrela kivija, oguljena i narezana na ploške
- 3 velika jaja
- ½ šalice mlijeka
- 1 žličica ekstrakta vanilije
- 1 žlica šećera
- Maslac za kuhanje
- Med ili javorov sirup za posluživanje

UPUTE:
a) U plitkoj posudi umutite jaja, mlijeko, ekstrakt vanilije i šećer.
b) Zagrijte veliku neprijanjajuću tavu ili rešetku na srednje jakoj vatri i otopite malo maslaca.
c) Svaku krišku kruha umočite u smjesu od jaja, pustite da se natopi nekoliko sekundi sa svake strane.
d) Stavite umočeni kruh na vruću tavu i pecite dok ne porumeni sa svake strane, oko 2-3 minute sa svake strane.
e) Nakon što su kriške francuskog tosta pečene, prebacite ih na tanjure za posluživanje.
f) Svaku plošku nadjenite narezanim kivijem.
g) Pokapajte med ili javorov sirup preko tosta i kivija.
h) Tost s kivijem poslužite topao.

59. Francuski tost s borovnicama pečen na drva

SASTOJCI:
- 8 komada svježeg kruha od cjelovitog zrna pšenice, narezanog na kriške
- 5 velikih jaja, umućenih
- 44 ml mlijeka
- 85 g javorovog sirupa
- ¼ žličice morske soli
- ½ žličice mljevenog cimeta
- 125 g borovnica
- 6 žlica maslinovog ulja
- 8 kašika maslaca

UPUTE
a)   Ulijte maslinovo ulje u veliku tavu ili pladanj od lijevanog željeza.
b)   Pomiješajte jaja, mlijeko, javorov sirup, sol i cimet u velikoj posudi za miješanje.
c)   Umočite svaku krišku kruha u umak.
d)   Stavite kruh u posudu i namočite ga 5-10 minuta u smjesu od jaja.
e)   Stavite borovnice na vrh kruha.
f)   Pecite na zaostaloj toplini pećnice dok se tijesto od jaja ne upije i kruh ne porumeni.
g)   Izvadite iz pećnice i pokapajte javorovim sirupom i maslacem.

60.Honeycomb Candy francuski tost

SASTOJCI:
- 4 kriške kruha
- 2 jaja
- ¼ šalice mlijeka
- ½ žličice ekstrakta vanilije
- Maslac za prženje
- Med za podlijevanje
- Bomboni u obliku saća, zdrobljeni

UPUTE:
a) U plitkoj posudi umutite jaja, mlijeko i ekstrakt vanilije.
b) Umočite svaku krišku kruha u smjesu od jaja, premažite obje strane.
c) Zagrijte tavu na srednje jakoj vatri i otopite malo maslaca.
d) Stavite umočene kriške kruha u tavu i pecite dok ne porumene sa svake strane.
e) Poslužite francuski tost preliven medom, posipan zdrobljenom bombonom od saća.
f) Uživajte u ovom slatkom i hrskavom francuskom tostu od bombona od saća.

61. Dalgona francuski tost

SASTOJCI:
- 2 žlice instant kave
- 2 žlice šećera
- 2 žlice vruće vode
- 4 kriške kruha
- 2 jaja
- ½ šalice mlijeka
- 1 žličica ekstrakta vanilije
- Maslac, za kuhanje

UPUTE:
a) U zdjeli pomiješajte instant kavu, šećer i vruću vodu dok ne postane gusto i pjenasto.
b) U plitkoj posudi umutite jaja, mlijeko i ekstrakt vanilije.
c) Umočite svaku krišku kruha u smjesu od jaja, premažite obje strane.
d) Lagano umiješajte polovicu tučene Dalgona smjese u preostalu smjesu od jaja.
e) Zagrijte tavu ili rešetku na srednje jakoj vatri i otopite maslac.
f) Pecite namočene kriške kruha dok ne porumene s obje strane.
g) Poslužite francuski tost s komadićem preostale smjese Dalgona na vrhu.

62. Pavlova francuski tost

SASTOJCI:
- 4 kriške kruha
- 3 jaja
- ½ šalice mlijeka
- ½ žličice ekstrakta vanilije
- ¼ žličice cimeta
- 2 mini Pavlove školjke, mrvljene
- Maslac, za kuhanje
- Šlag, za posluživanje
- Miješano bobičasto voće, za posluživanje

UPUTE
a)　U plitkoj posudi umutite jaja, mlijeko, ekstrakt vanilije i cimet.
b)　Umočite svaku krišku kruha u smjesu od jaja, pazeći da premažete obje strane.
c)　Zagrijte tavu na srednjoj vatri i otopite malo maslaca.
d)　Dodajte kriške kruha u tavu i pecite dok ne porumene s obje strane.
e)　Poslužite francuski tost preliven šlagom, miješanim bobičastim voćem i izmrvljenim mini Pavlova školjkama.

63. tost rolnice s nutelom i cimetom

SASTOJCI:
- 8 kriški tosta
- 2 jaja
- 4 žlice mlijeka
- Nutella, po ukusu
- 2 žlice cimeta
- 3 žlice šećera
- maslac, po ukusu

UPUTE:
a) Odrežite korice tosta.
b) Oklagijom poravnajte tost.
c) U zdjeli umutiti jaja i mlijeko.
d) Na tanjuru pomiješajte šećer i cimet.
e) Tost namažite Nutellom i čvrsto zarolajte.
f) Rolice francuskog tosta umočite u mješavinu jaja i pržite u tavi na maslacu dok ne porumene.
g) Rolice francuskog tosta uvaljajte u mješavinu šećera i cimeta i uživajte uz kavu za doručak ili užinu.

64.Schwarzwald francuski tost

SASTOJCI:
- 2 kriške challah kruha, debelo narezane
- 2 jaja
- 2 - 3 žlice pola-pola, ili mlijeka
- 4-6 žlica šećera
- 2 - 3 žlice Hershey kakaa, nezaslađenog cca.
- 1 žličica vanilije
- 1 žličica cimeta, mljevenog
- 1 prstohvat soli
- 2 - 3 žlice krem sira, ili šlag sira

PRELJEV ZA FRANCUSKI TOST
- 1 boca Hershey's posebnog sirupa od tamne čokolade
- 1 staklenka konzerve od višanja ili pekmeza od višanja
- 1 staklenka griottina (višnje u kirschu)
- 1 konzerva šlaga
- ¼ c komadića poluslatke čokolade

UPUTE:

a) Uzmite prilično veliku zdjelu za pripremu smjese za umakanje tosta.

b) Dodajte svoja jaja i umutite ih. Zatim dodajte pola i pola , vaniliju, cimet, steviju i Hershey's kakao.

c) Sve ovo umutiti. Bit će potrebno malo mućenja da se čokolada sjedini, ali hoće nakon nekoliko minuta.

d) Zagrijte pećnicu na 350 ili upotrijebite toster.

e) U tavi zagrijte ulje ili maslac.

f) Sada uzmite jednu krišku kruha i umočite je u smjesu da se zasiti, okrenite je i uzmite i drugu stranu. Ponovite za drugu krišku.

g) Otresite višak i stavite u tavu da se kuha. Pecite dok obje strane ne poprime lijepu i hrskavu boju.

h) Stavite jednu krišku tosta na tanjur i obilato dodajte malo krem sira i pospite komadićima čokolade.

i) Dodajte svoju drugu krišku tosta na vrh. Sada stavite svoje 2 kriške tosta u posudu za pećenje i u pećnicu/ili toster oko 5 minuta dok se čips ne otopi. Izvadite i tanjur.

j) Na tost s nekoliko žlica slatke tekućine dodajte malo višanja. Dodajte vrhnje za šlag, dodajte 3 ili 4 Griottinea i žlicu ili tako nešto kirscha preko vrha i pokapajte svoj Hershey's čokoladni sirup po francuskom tostu.

k) Dodajte još malo komadića čokolade...sada ste spremni jesti najdekadentniji francuski tost koji ste ikada jel. Uživajte u svakom zalogaju!

65.Francuski tost kolač od sira s jagodama

SASTOJCI:

- ½ šalice krem sira, omekšalog
- 2 žlice šećera u prahu
- 2 žlice konzervirane jagode
- 8 kriški seoskog bijelog kruha
- 2 jaja
- ½ šalice pola-pola
- 2 žlice šećera
- 4 žlice maslaca, podijeljene

UPUTE:

a) Pomiješajte krem sir i šećer u prahu u maloj posudi; dobro promiješajte. Umiješajte konzerve.

b) Smjesu krem sira ravnomjerno rasporedite preko 4 kriške kruha; prekrijte preostalim kriškama kako biste oblikovali sendviče.

c) Umutite zajedno jaja, pola-pola i šećer u srednjoj zdjeli; Staviti na stranu.

d) Otopite 2 žlice maslaca u velikoj tavi na srednjoj vatri. Umočite svaki sendvič u smjesu od jaja, potpuno prekrivši obje strane.

e) Pecite 2 sendviča odjednom jednu do 2 minute po strani ili dok ne porumene.

f) Otopite preostali maslac i skuhajte preostale sendviče prema uputama.

66. PB&J francuski tost

SASTOJCI:
- 4 kriške kruha
- 2 jaja
- ¼ šalice mlijeka
- 2 žlice maslaca od kikirikija
- 2 žlice voćnog želea ili pekmeza
- Maslac ili sprej za kuhanje

UPUTE
a) U plitkoj zdjeli umutite jaja i mlijeko.
b) Namažite maslac od kikirikija i žele ili džem na dvije kriške kruha i na vrh stavite preostale dvije kriške kako biste napravili sendviče.
c) Umočite sendviče u smjesu od jaja, pazite da premažete obje strane.
d) Zagrijte maslac ili sprej za kuhanje u velikoj neprianjajućoj tavi na srednje jakoj vatri.
e) Pecite sendviče 2-3 minute sa svake strane, dok ne porumene.
f) Poslužite vruće i uživajte!

67.Toblerone francuski tost

SASTOJCI:
- 3 kriške francuskog kruha
- 2 jaja lagano umućena
- ⅔ šalice mlijeka
- 1 žličica ekstrakta vanilije
- ¼ žličice soli
- 1 šalica mrvica graham krekera
- maslac
- 6 velikih marshmallowa prerezanih na pola
- Toblerone pločice pune veličine, razlomljene u pravokutnike
- Javorov sirup za posluživanje

UPUTE
a) U plitkoj zdjeli ili tanjuru za pite umutite jaja, mlijeko, vaniliju i sol.
b) Umočite kruh u smjesu od jaja, premažite svaku stranu.
c) Utisnite obje strane kruha u mrvice graham krekera.
d) Otopite oko ½ žlice maslaca na ringli ili tavi s neprijanjajućim premazom za svaku krišku kruha.
e) Pecite dok ne postane smeđe i hrskavo, a zatim okrenite na drugu stranu, prvo dodajući još malo maslaca u tavu.
f) Dok je još vruće, složite kriške francuskog tosta, složite marshmallows i Toblerone čokoladu između.
g) Prepolovite za 2 porcije.

68.Oreo francuski tost

SASTOJCI:
- 3 velika jaja
- ¼ šalice mlijeka
- 1 žličica ekstrakta vanilije
- 10 Oreos, zdrobljenih
- 6 kriški brioša
- 4 žlice neslanog maslaca, za prženje

UPUTE:
a) Razbijte jaja u plitku zdjelu i dodajte mlijeko i ekstrakt vanilije.
b) Umutite dok ne postane glatko i ostavite sa strane.
c) Zdrobite svoje Oreos i dodajte ih u drugu plitku zdjelu. U idealnom slučaju, imat ćete malo Oreos zgnječenih u finu prašinu s većim komadićima.
d) Dodajte oko 2 žlice maslaca u veliku tavu i zagrijte je na srednjoj vatri.
e) Radeći brzo, umočite jednu po jednu krišku kruha u smjesu od jaja, premažite obje strane, a zatim je premjestite u svoju zdjelu sa zdrobljenim Oreom.
f) Zatim premjestite premazani kruh u vruću tavu, pržite oko 3 minute sa svake strane.
g) Ponovite za svih 6 kriški kruha, dodajući maslac u tavu po potrebi.
h) Odložite francuski tost na lim za pečenje obložen papirom za pečenje ili podlogu za višekratnu upotrebu i držite ga na toplom u pećnici na 200°F do posluživanja.

69.Nutella francuski tost

SASTOJCI:
- ¼ šalice Nutelle
- 2 jaja, istučena
- 1 žlica ekstrakta vanilije
- 4 kriške kruha
- ½ žličice mljevenog cimeta
- 1 banana, narezana na ploške
- 2 žlice maslaca
- ¼ šalice čokoladnog mlijeka

UPUTE:
a) Stavite Nutellu na jednu stranu dvije kriške kruha prije nego što ih prekrijete kriškama banane.
b) Stavite preostale kriške kruha na vrh tako da oblikujete dva sendviča.
c) Pomiješajte cimet, čokoladno mlijeko, ekstrakt vanilije i jaja u zdjeli srednje veličine i potpuno umočite sendviče u to da se oblože .
d) Ove sendviče kuhajte na laganoj vatri u vrućem maslacu oko 6 minuta sa svake strane.
e) Poslužiti.

70. S'mores francuski tost

SASTOJCI:
- 3 kriške francuskog kruha
- 2 jaja lagano umućena
- ⅔ šalice mlijeka
- 1 žličica ekstrakta vanilije
- ¼ žličice soli
- 1 šalica mrvica graham krekera
- maslac
- 6 velikih marshmallowa prerezanih na pola
- 2 Hersheyjeve šipke pune veličine razlomljene u pravokutnike
- Javorov sirup i/ili fudge umak za posluživanje

UPUTE
a) U plitkoj zdjeli ili tanjuru za pite umutite jaja, mlijeko, vaniliju i sol.
b) Umočite kruh u smjesu od jaja, premažite svaku stranu.
c) Utisnite obje strane kruha u mrvice graham krekera.
d) Otopite oko ½ žlice maslaca na ringli ili tavi s neprijanjajućim premazom za svaku krišku kruha. Pecite dok ne postane smeđe i hrskavo, a zatim okrenite na drugu stranu, prvo dodajući još malo maslaca u tavu.
e) Dok je još vruće, složite ploške francuskog tosta, između slojeva marshmallowa i čokolade.
f) Prepolovite za 2 porcije.

71. Marshmallow francuski tost rolnice

SASTOJCI:
ZA ROLL-UPOVE:
- 8 kriški bijelog kruha za sendviče
- ½ šalice mini marshmallowa
- ½ šalice malih komadića čokolade
- 1 žlica maslaca

ZA SMJESU OD ČOKOLADNIH JAJA:
- 2 velika jaja
- 3 žlice mlijeka
- ½ žličice ekstrakta vanilije
- 1 žlica kakaa u prahu

ZA MJEŠAVINU ČOKOLADA-ŠEĆER:
- ⅓ šalice granuliranog šećera
- 1 žličica cimeta
- 1 žlica kakaa u prahu

UPUTE:
a) Sa svake šnite kruha odrežite koricu i poravnajte šnitu valjkom za tijesto.
b) Stavite mini marshmallow kolačiće i komadiće čokolade unutra prema jednom kraju kriške kruha.
c) Čvrsto smotajte kruh. Ponovite s preostalim kriškama kruha.
d) Pripremite smjesu od čokoladnih jaja: u plitkoj posudi umutite jaja, mlijeko, ekstrakt vanilije i jednu žlicu kakaa u prahu. Dobro promiješati.
e) Pripremite čokoladno-šećernu smjesu: na ploči pomiješajte šećer, cimet i jednu žlicu kakaa u prahu. Staviti na stranu.
f) Zagrijte tavu na srednje jakoj vatri i otopite maslac.
g) Svaki kolut umočite u smjesu od čokoladnih jaja, dobro premažite i stavite u kalup. Pecite ih dok ne porumene sa svih strana, oko 2 minute po strani. Po potrebi dodajte maslac u tavu.
h) Svaki kuhani kolut izvadite iz tepsije i odmah uvaljajte u smjesu čokolade i šećera dok potpuno ne bude prekriven šećerom.

72. Francuski tost sa slanom karamelom i pekanom

SASTOJCI:
- 4 debele kriške kruha (bijeli, brioš ili kala)
- 4 žlice slanog karamel umaka
- ½ šalice pekan oraha, nasjeckanih
- 3 velika jaja
- ½ šalice mlijeka
- 1 žličica ekstrakta vanilije
- Maslac za kuhanje
- Šlag za preljev (po želji)

UPUTE:
a) Svaku krišku kruha premažite s jedne strane slanim karamel umakom.
b) Po vrhu karamel umaka pospite nasjeckane pekan orahe i prekrijte preostalim kriškama kruha kako biste napravili sendviče.
c) U plitkoj posudi umutite jaja, mlijeko i ekstrakt vanilije.
d) Zagrijte veliku neprijanjajuću tavu ili rešetku na srednje jakoj vatri i otopite malo maslaca.
e) Svaki punjeni sendvič umočite u smjesu od jaja, premažite ga s obje strane.
f) Umočene sendviče stavite na vruću tavu i pecite dok ne porumene sa svake strane, oko 3-4 minute po strani.
g) Francuski tost poslužite topao, preliven s malo tučenog vrhnja i dodatnom kapljicom slanog karamel umaka.

73. Mascarpone francuski tost s borovnicama

SASTOJCI:
- 4 debele kriške kruha (bijeli, brioš ili kala)
- 4 žlice mascarpone sira
- 1 šalica svježih borovnica
- Korica od 1 limuna
- 3 velika jaja
- ½ šalice mlijeka
- Maslac za kuhanje
- Limunova korica i šećer u prahu za preljev

UPUTE:
a) Svaku krišku kruha namažite s jedne strane mascarpone sirom.
b) Na mascarpone sir pospite svježe borovnice i pospite limunovom koricom. Pokrijte preostalim kriškama kruha da napravite sendviče.
c) U plitkoj zdjeli umutite jaja i mlijeko.
d) Zagrijte veliku neprijanjajuću tavu ili rešetku na srednje jakoj vatri i otopite malo maslaca.
e) Svaki punjeni sendvič umočite u smjesu od jaja, premažite ga s obje strane.
f) Umočene sendviče stavite na vruću tavu i pecite dok ne porumene sa svake strane, oko 3-4 minute po strani.
g) Poslužite francuski tost topao, preliven dodatnom koricom limuna i posutim šećerom u prahu.

74. Francuski tost umotan u slaninu

SASTOJCI:
UMAK:
- 4 žlice neslanog maslaca
- ½ šalice javorovog sirupa
- 3 žlice gustog vrhnja
- 2 žlice tekile
- ⅛ žličice soli
- 1 žlica soka od limete

FRANCUSKI TOST:
- 8 ploški dimljene slanine od tvrdog drveta
- 4 (debele 1 inča) kriške brioche ili challah kruha
- 5 velikih jaja
- ⅔ šalice mlijeka
- 1 žličica ekstrakta vanilije
- ⅛ žličice soli

UPUTE
a) Zagrijte pećnicu na 375° F.
b) Otopite maslac u manjoj posudi na srednje jakoj vatri.
c) Umiješajte javorov sirup, vrhnje, tekilu i sol.
d) Pustite da zavrije i kuhajte uz često miješanje dok se malo ne zgusne oko 5 minuta. Makni s vatre i umijesaj sok od limete.
e) Posložite 2 šnite slanine oko stijenki svake od malih tava, po potrebi preklapajući tako da bude samo oko stijenki, a ne na dnu posude.
f) Režite i odrežite kriške kruha po potrebi kako biste ih mogli udobno smjestiti u svaku posudu sa slaninom "okolo".
g) U zdjeli umutite jaja, mlijeko, vaniliju i sol. Žlicom ili prelijte smjesu preko kriški kruha, zaustavljajući se po potrebi da se tekućina upije.
h) Pustite da odstoji 10 minuta, bockajući kriške vilicom jednom ili dva puta. Posude s oprugama stavite na lim za pečenje.
i) Pecite dok se jaja ne stvrdnu i francuski tost ne napuhne oko 23-25 minuta. Izvadite pudinge od kruha iz kalupa i žlicom ih prelijte umakom za posluživanje.

75.Açaí zalogaji francuskog tosta

SASTOJCI:
- 2 jaja
- ¼ šalice kokosovog vrhnja
- 1 žličica Açaí praha
- prstohvat soli
- Pola štruce dizanog tijesta
- kokosovo ulje za kuhanje
- šećer za premazivanje
- Javorov sirup za posluživanje

UPUTE:
a) umutite jaja, kokosovo vrhnje, Açaí i sol.
b) Kruhu skinite koru i narežite na kvadrate.
c) Zagrijte malo kokosovog ulja u velikoj tavi i radeći u serijama, promiješajte kruh kroz smjesu od jaja, otresite višak i stavite u tavu.
d) Okrenite kockice dok porumene sa svake strane.
e) Nakon što je kuhano sa svih strana, izvadite iz tave i ravno u šećer i bacite da se premaže.
f) Ponovite s preostalim kruhom i poslužite s javorovim sirupom.

76.Pink Lemon ade francuski tost

SASTOJCI:
- 1 štruca smrznutog tijesta za francuski kruh
- ½ šalice brašna
- 1 žlica šećera
- ½ žličice soli
- 6 jaja
- 2 žlice naribane kore limuna
- 1 žličica ekstrakta limuna
- Ružičasta prehrambena boja
- 2 šalice mlijeka
- Otopljeni maslac ili margarin

UPUTE:
a) Pripremite jednu štrucu francuskog kruha prema uputama na pakiranju. Cool. Čuvati preko noći.
b) Izrežite na 12 jednakih kriški, debljine oko 1 cm.
c) Umutiti brašno, šećer, sol i jaja.
d) Polako umiješajte mlijeko, limunovu koricu, ekstrakt limuna i prehrambenu boju.
e) Namočite kruh u tijesto dok ne postane zasićeno.
f) Zagrijte maslac u tavi. Pecite kriške na srednjoj vatri sa svake strane dok ne porumene.
g) Poslužite toplo uz voće, med, šećer u prahu, džem ili javorov sirup.

77.Jabuke French Toast lazanje

SASTOJCI:
- 1 šalica kiselog vrhnja
- ⅓ šalice smeđeg šećera; upakiran
- 12 smrznutih kriški francuskog tosta
- ½ funte kuhane šunke
- 2½ šalice sira Cheddar; isjeckan
- 1 konzerva nadjeva za pitu od jabuka
- 1 šalica granole

UPUTE:
a) U maloj zdjeli pomiješajte šećer i kiselo vrhnje; poklopite i ohladite.

b) Stavite 6 kriški francuskog tosta na dno podmazane posude 9 x 13. Posložite šunku, 2 šalice sira i preostalih 6 kriški francuskog tosta u posudu za pečenje.

c) Po vrhu rasporedite nadjev; granolu pospite preko jabuka. Pecite u prethodno zagrijanoj pećnici na 350 F 25 minuta.

d) Prelijte s preostalom ½ šalice cheddar sira; pecite još 5 minuta dok se sir ne otopi i lonac bude vruć. Poslužite sa smjesom od kiselog vrhnja.

78. Wonton francuski tost

SASTOJCI:
- 12 wonton omota
- 2 jaja
- ½ šalice mlijeka
- 1 žličica ekstrakta vanilije
- ½ žličice mljevenog cimeta
- ¼ žličice mljevenog muškatnog oraščića
- 2 žlice neslanog maslaca
- Šećer u prahu i javorov sirup za posluživanje

UPUTE:
a) U plitkoj posudi umutiti jaja, mlijeko, ekstrakt vanilije, mljeveni cimet, i mljeveni muškatni oraščić.
b) Otopite maslac u tavi koja se ne lijepi na srednjoj vatri.
c) Umočite svaki wonton omot u smjesu jaja, pazeći da obložite obje strane.
d) Stavite wonton omote u tavu i pecite dok ne porumene, oko 1-2 minute po strani.
e) Poslužite wonton francuski tost vruć, posipan šećerom u prahu i preliven javorovim sirupom.

79.tost s breskvom i krem sirom

SASTOJCI:
- 4 kriške kruha
- 4 unce krem sira, omekšalog
- 1 breskva, očišćena od koštica i nasjeckana
- 1 žlica meda
- 2 jaja
- ½ šalice mlijeka
- ½ žličice ekstrakta vanilije
- Maslac za kuhanje

UPUTE
a) U maloj posudi pomiješajte krem sir, nasjeckanu breskvu i med.
b) Smjesu krem sira namažite na dvije kriške kruha.
c) Pokrijte preostalim kriškama kruha kako biste napravili dva sendviča.
d) U posebnoj posudi umutite jaja, mlijeko i ekstrakt vanilije.
e) Umočite svaki sendvič u smjesu od jaja, pazeći da premažete obje strane.
f) Otopite maslac u tavi na srednjoj vatri.
g) Pecite sendviče dok ne porumene s obje strane.
h) Poslužite odmah i uživajte.

80.Crno vino Francuski tost

SASTOJCI:
- 4 šalice slatkog bijelog vina ili mlijeka
- 1 štapić cimeta
- 1 naranča, očišćena od korice
- ½ šalice šećera
- 6 jaja, lagano tučenih
- 1 štruca francuskog kruha, narezana na ploške od 1 inča, ustajala
- maslinovo ulje ili drugo ulje za prženje
- 1 žličica cimeta pomiješana s 2 žlice šećera
- med

UPUTE

a) U srednje velikoj tavi pomiješajte vino, cimet, narančinu koricu i šećer.
b) Zagrijte na srednjoj vatri dok vino ne počne ključati i dok se šećer ne otopi.
c) Maknite posudu s vatre i ostavite smjesu da odstoji 10 minuta, da se strmi.
d) Za to vrijeme u plitku zdjelu ulijte razmućena jaja.
e) Kada ste spremni napraviti svoj francuski tost, ulijte ½ inča ulja u široku i duboku tavu. Zagrijte ulje na 375F.
f) Potopite krišku kruha u vino 5 sekundi po strani, dok se dobro ne navlaži. Neka se kruh ocijedi dok ga podižete iz tekućine.
g) Namočenu krišku umočite u razmućena jaja da premažete obje strane.
h) Pržite kruh na zagrijanom ulju 1-2 minute sa svake strane, dok ne porumeni. Izvadite kruh iz ulja i stavite ga na tanjur obložen papirnatim ručnikom.
i) Nastavite s preostalim kriškama kruha.
j) Poslužite torrije prelivene cimet šećerom ili medom. Po želji prelijte preostalu mješavinu vina preko torija za posluživanje.

81.Ube-punjeni francuski tost

SASTOJCI:

- 3 velika jaja
- ¾ šalice konzerviranog kokosovog mlijeka
- Košer soli
- 4 unce krem sira, na sobnoj temperaturi
- ½ šalice ube halaya , plus još za posluživanje
- ½ žličice ekstrakta ube
- 4 kriške challah kruha
- 1 žlica kokosovog ulja, podijeljena
- Slastičarski šećer, za ukrašavanje
- Nezaslađeni naribani kokos, tostiran, za posluživanje
- Javorov sirup, za posluživanje

UPUTE:

a) U velikoj plitkoj posudi umutite jaja, kokosovo mlijeko i ¼ žličice soli. Stavite pokraj ploče za kuhanje.

b) U zdjelu srednje veličine dodajte krem sir, ube halaya , i prstohvat soli. Tucite električnom ručnom miješalicom dok ne postane pjenasto i sjedinjeno.

c) Dodajte ekstrakt ubea i tucite dok se ne sjedini. Nadjev od ube prebacite u veliku slastičarsku vrećicu i odrežite vrh.

d) Malim nožem za guljenje izrežite vodoravni džep na dnu svake kriške kruha. Stavite malo ube nadjeva u džep svake kriške kruha, pomičući vrh okolo kako biste ravnomjerno napunili.

e) Zagrijte veliku neprijanjajuću tavu na srednje niskoj temperaturi. Dodajte pola kokosovog ulja i pustite da se otopi.

f) Radeći s dvije kriške kruha odjednom, umočite u kremu oko 10 sekundi sa svake strane. Prebacite izravno u tavu. Pecite dok ne porumene, 4 do 5 minuta sa svake strane.

g) Ponovite s preostalim kokosovim uljem i kriškama kruha.

h) Za posluživanje prerežite svaki francuski tost na pola dijagonalno. Prelijte slastičarskim šećerom, nasjeckanim kokosom i malo ubea halaya . Poslužite s javorovim sirupom.

82.Crveni baršunasti francuski tost

SASTOJCI:
- 8 kriški brioša
- 3 velika jaja
- 1 šalica pola-pola vrhnja 10% MF
- 2 žlice šećera u prahu
- 1 žlica ekstrakta vanilije
- 2 žlice kakaa u prahu
- 2-3 žlice crvene prehrambene boje
- ¼ žličice soli
- 2-3 žlice maslaca ili ulja, za prženje
- Glazura od krem sira

UPUTE
a) Zagrijte pećnicu na 250F.
b) Stavite kriške brioša na lim i pecite 15-20 minuta ili dok se malo ne osuše. Kriške potpuno ohladite. Pjenasto izmiješajte jaja, vrhnje, šećer, vaniliju, kakao prah, prehrambenu boju i sol.
c) Smjesu jaja prelijte preko kriški.
d) Svakih nekoliko minuta okrećite kriške i žlicom prelijte smjesu dok se gotovo sve ne upije. Oko 10 minuta.
e) Zagrijte tavu na srednje jakoj vatri. Dodajte maslac, a zatim stavite kriške u tavu. Pecite 2-3 minute sa svake strane ili dok ne porumene.

83.Francuski tost Soufflé

SASTOJCI:
- 10 šalica kockica bijelog kruha
- Pakiranje od 8 unci nemasnog omekšanog krem sira
- 8 jaja
- 1 ½ šalice mlijeka
- ⅔ šalice vrhnja pola-pola
- ½ šalice javorovog sirupa
- ½ žličice ekstrakta vanilije
- 2 žlice slastičarskog šećera

UPUTE:
a) Stavite kockice kruha u lagano namašćenu posudu za pečenje veličine 9x13 inča.
b) U velikoj zdjeli, električnom miješalicom na srednjoj brzini umutite krem sir dok ne postane glatko.
c) Dodajte jedno po jedno jaje, dobro miksajući nakon svakog dodavanja.
d) Umiješajte mlijeko, pola-pola, javorov sirup i vaniliju dok smjesa ne postane glatka.
e) Preko kruha prelijte smjesu krem sira; poklopite i stavite u hladnjak preko noći.
f) Sljedećeg jutra izvadite Soufflé iz hladnjaka i ostavite da stoji na sobnoj temperaturi 30 minuta. U međuvremenu zagrijte pećnicu na 375 stupnjeva F.
g) Pecite nepokriveno 30 minuta u prethodno zagrijanoj pećnici ili dok nož umetnut u sredinu ne izađe čist.
h) Pospite slastičarskim šećerom i poslužite toplo.

84. Cannoli punjeni francuski tost

SASTOJCI:
- 1 šalica ricotta sira
- ¼ šalice šećera u prahu
- ½ žličice ekstrakta vanilije
- ⅓ šalice poluslatkih komadića čokolade
- 2 velika jaja
- ¼ šalice gustog vrhnja (ili mlijeka)
- 4 kriške francuskog kruha
- 2 žlice maslaca
- Šećer u prahu za posluživanje

UPUTE:

a) U maloj zdjeli pomiješajte ricotta sir, šećer u prahu i ekstrakt vanilije. Umiješajte male komadiće čokolade. Staviti na stranu.

b) U plitkoj zdjeli il tanjuru za pite umutite jaja i vrhnje. Namažite 2 kriške kruha mješavinom ricotte, otprilike ½ šalice po kriški.

c) Stavite ostale kriške kruha na vrh i nježno ih pritisnite jednu za drugu. Pažljivo umočite obje strane svakog sendviča u smjesu jaja dok se dobro ne prekriju.

d) U velikoj tavi rastopite maslac. Dodajte sendviče s francuskim tostom i kuhajte dok ne porumene, oko 4 minute po strani.

e) Sendviče dijagonalno prepolovite i prebacite na tanjure.

f) Pospite slastičarskim šećerom i odmah poslužite.

85. Zapečeni francuski tost na pladnju s Yuzu skutom

SASTOJCI:
- otopljeni maslac namazati
- 6 kriški kruha
- 1 šalica mlijeka
- 8 jaja
- ½ šalice vrhnja
- 2 žlice rapadura šećera
- ¼ žličice pahuljica morske soli
- 1 žličica praha ili ekstrakta vanilije
- šećer u prahu, posuti u prah
- yuzu skuta, za posluživanje
- bobice, za posluživanje
- šlag, za posluživanje

ZA YUZU SKUTU
- 2 jaja
- 3 žumanjka
- 160 g šećera
- 80 g hladnog maslaca
- 80 ml yuzu soka

UPUTE:

a) Zagrijte pećnicu na 180C. Pravokutni pleh dimenzija 20x30 cm premažite maslacem.
b) Rasporedite kruh u tepsiju.
c) Pomiješajte mlijeko, jaja, vrhnje, šećer, sol i vaniliju u posudi. Umutite dok ne postane blijedo i pahuljasto.
d) Prelijte preko kruha pazeći da je sav prekriven smjesom od jaja. Pritisnite rubove i kutove kako biste bili sigurni da su potopljeni. Odstoji 10 minuta.
e) Posudu za pečenje stavite u pećnicu i pecite 20-25 minuta dok ne porumene i ne nabubre. Izvadite iz pećnice i malo ohladite.
f) Izrežite dijelove i poslužite s bobičastim voćem, yuzu skutom, vrhnjem i posipanim šećerom u prahu.

Napraviti Yuzu skutu

g) U velikoj zdjeli pjenasto izmiješajte jaja, žumanjke i šećer dok ne postanu blijeda i pjenasta. Ulijte u lonac s debelim dnom na laganoj vatri.
h) Dodajte yuzu sok i maslac. Lagano pirjajte neprestano miješajući dok se smjesa ne počne zgušnjavati i prekrije poleđinu žlice za miješanje.
i) Maknite s vatre i procijedite u staklenu posudu. Prekriti prozirnom folijom dok se potpuno ne ohladi. Čvrsto zatvorite staklenku i čuvajte je u hladnjaku do deset dana.

86. Tost pečen s jabukom i cimetom

SASTOJCI:
- 1 funta štruce francuskog kruha
- Neljepljivi sprej za kuhanje
- 8 velikih jaja; malo pretučen
- 3½ šalice obranog mlijeka
- 1 šalica šećera; podijeljena
- 1 žlica ekstrakta vanilije
- 6 srednjih jabuka; oguliti/jezgru/tanko narezati
- 3 žličice mljevenog cimeta
- 1 žličica mljevenog muškatnog oraščića
- 1 žlica maslaca

UPUTE:
a) Narežite kruh na kriške od 1½ inča.
b) Premažite tavu veličine 9 x 13 inča neljepljivim sprejom za kuhanje i čvrsto stavite kruh u tavu.
c) U velikoj zdjeli pomiješajte jaja, mlijeko, ½ šalice šećera i vaniliju.
d) Polovicom smjese jaja prelijte kriške kruha.
e) Ravnomjerno rasporedite kriške jabuke po kruhu. Prelijte preostalom smjesom od jaja.
f) U maloj posudi pomiješajte preostalih ½ šalice šećera, cimet i muškatni oraščić. Pospite preko jabuka. Premažite maslacem. Pokrijte i stavite u hladnjak preko noći.
g) Sljedeći dan otklopite posudu i pecite u prethodno zagrijanoj pećnici na 350 stupnjeva 1 sat. Izvadite iz pećnice i ostavite da odstoji 10 do 15 minuta. Izrežite na kvadrate i poslužite toplo.

87. Zapečeni francuski tost s brusnicama

SASTOJCI:
- 16 unca štruca kruha s cimetom, narezana na kockice
- ¾ šalice zaslađenih suhih brusnica
- 6 jaja, istučenih
- 3 šalice pola-pola ili mlijeka
- 2 žličice ekstrakta vanilije
- Ukras: cimet šećer ili šećer u prahu, tučeni maslac, javorov sirup

UPUTE:
a) Pomiješajte kockice kruha i brusnice u podmazanoj plitkoj posudi od 3 litre.
b) U zdjeli umutite jaja, pola-pola ili mlijeko i vaniliju; prelijte smjesom za kruh.
c) Pokrijte i stavite u hladnjak na jedan sat ili preko noći.
d) Otkriti; pecite na 350 stupnjeva 45 minuta, ili dok ne porumeni i postavite u sredinu.
e) Pospite cimet šećerom ili šećerom u prahu.
f) Poslužite preliveno tučenim maslacem i javorovim sirupom.

88. Krema od borovnica s francuskim tostom

SASTOJCI:
- 2 jaja, istučena
- 4 kriške kruha
- 3 žlice šećera
- 1½ šalice kukuruznih pahuljica
- ⅓ šalice mlijeka
- ¼ žličice muškatnog oraščića
- 4 žlice sira s okusom bobičastog voća
- ¼ žličice soli

UPUTE:
a) Zagrijte svoj Air Fryer na 400 stupnjeva F.
b) U zdjeli pomiješajte šećer, jaja, muškatni oraščić, sol i mlijeko. U posebnoj zdjeli pomiješajte borovnice i sir.
c) Uzmite 2 kriške kruha i prelijte smjesu od borovnica preko njih.
d) Prelijte mliječnom smjesom. Prekrijte s preostale dvije kriške za izradu sendviča. Naribajte sendviče preko kukuruznih pahuljica da se dobro obliže.
e) Položite sendviče u košaru za kuhanje friteze i kuhajte ih 8 minuta.
f) Poslužite s bobičastim voćem i sirupom.

89.Pita od bundeve francuski tost

SASTOJCI:
- 1 štruca francuskog, talijanskog, havajskog ili havajskog kruha, izrezana na kriške od 1 inča
- 3 jaja, istučena
- 1½ šalice mlijeka
- 1 šalica pola-pola
- ½ šalice zamjene za jaja
- 1 žlica začina za pitu od bundeve
- 1 žličica ekstrakta vanilije
- ¼ žličice soli
- ½ šalice smeđeg šećera, pakirano
- 1 žlica maslaca, narezanog na listiće

UPUTE:
a) Rasporedite kriške kruha na dno podmazane posude za pečenje 13"x9".
b) Umutiti jaja, mlijeko, pola-pola, zamjenu za jaja, začin, vaniliju i sol. Umiješajte smeđi šećer; prelijte smjesu preko kriški kruha.
c) Hladiti, pokriveno, preko noći. Premažite vrh maslacem i pecite, nepokriveno, na 350 stupnjeva 40 do 45 minuta.

90.tost s limunom i makom

SASTOJCI:
- 1 štruca francuskog kruha, izrezana na kriške od 1 inča
- Korica od 2 limuna
- ¼ šalice maka
- 4 velika jaja
- 1 šalica mlijeka
- ½ šalice granuliranog šećera
- 1 žličica ekstrakta vanilije
- Glazura od limuna za posluživanje (po želji)

UPUTE:
a) Namastite posudu za pečenje 9x13 inča i rasporedite kriške kruha u jednom sloju.
b) Ravnomjerno pospite limunovu koricu i mak po kriškama kruha.
c) U velikoj zdjeli pjenjačom izmiješajte jaja, mlijeko, šećer i ekstrakt vanilije.
d) Mješavinu jaja ravnomjerno prelijte preko kriški kruha, pazeći da su sve kriške premazane .
e) Pokrijte posudu za pečenje folijom i stavite u hladnjak na najmanje 1 sat ili preko noći.
f) Zagrijte pećnicu na 375°F (190°C).
g) Uklonite foliju s posude za pečenje i pecite tost 25-30 minuta, dok ne porumeni i sredina se ne stegne.
h) Poslužite toplo s glazurom od limuna, po želji.

91. Francuski tost s ananasom i sirom

SASTOJCI:
- 1 štruca francuskog kruha, izrezana na kriške od 1 inča
- 8 unci krem sira, omekšalog
- 1 konzerva (20 unci) zgnječenog ananasa, ocijeđenog
- ½ šalice granuliranog šećera
- 4 velika jaja
- 1 šalica mlijeka
- 1 žličica ekstrakta vanilije
- Maslac za podmazivanje posude za pečenje

UPUTE:
a) Namažite posudu za pečenje 9x13 inča maslacem i posložite kriške kruha u jednom sloju.
b) U srednjoj zdjeli pomiješajte omekšali krem sir, zdrobljeni ananas i granulirani šećer dok se dobro ne sjedine.
c) Smjesu krem sira i ananasa ravnomjerno rasporedite po kriškama kruha.
d) U posebnoj posudi umutite jaja, mlijeko i ekstrakt vanilije.
e) Mješavinu jaja ravnomjerno prelijte preko kriški kruha, pazeći da su sve kriške premazane.
f) Prekrijte posudu za pečenje folijom i stavite u hladnjak preko noći.
g) Zagrijte pećnicu na 350°F (175°C).
h) Uklonite foliju s posude za pečenje i pecite tost 40-45 minuta, dok ne porumeni i sredina se ne stegne.
i) Poslužite toplo i uživajte u ukusnom pečenom francuskom tostu s preljevom od ananasa i sira.
j) Pečeni tost također možete posuti šećerom u prahu ili ga po želji poslužiti uz malo javorovog sirupa za dodatnu slatkoću. Uživati!

92. Ham i francuski tost sa švicarskim sirom

SASTOJCI:
- 1 štruca francuskog kruha, izrezana na kriške od 1 inča
- 8 unci kuhane šunke, narezane na ploške ili kockice
- 8 unci švicarskog sira, naribanog
- 6 velikih jaja
- 2 šalice mlijeka
- 1 žlica Dijon senfa
- 1 žličica Worcestershire umaka
- ½ žličice soli
- ¼ žličice crnog papra
- Maslac za podmazivanje posude za pečenje

UPUTE:
a) Namažite posudu za pečenje 9x13 inča maslacem i posložite polovicu kriški kruha u jednom sloju.
b) Polovicom kuhane šunke ravnomjerno pospite kriške kruha, a zatim polovicom nasjeckanog švicarskog sira.
c) Na vrh poslažite preostale kriške kruha, zatim preostalu šunku i švicarski sir.
d) U srednjoj posudi pomiješajte jaja, mlijeko, Dijon senf, Worcestershire umak, sol i crni papar dok se dobro ne sjedine.
e) Smjesu jaja ravnomjerno prelijte preko slojeva kruha u posudi za pečenje, pazeći da je sav kruh natopljen.
f) Prekrijte posudu za pečenje folijom i stavite u hladnjak preko noći.
g) Zagrijte pećnicu na 350°F (175°C).
h) Uklonite foliju s posude za pečenje i pecite lonac s francuskim tostom 40-45 minuta, dok ne porumeni i sredina se ne stegne.
i) Pustite da se ohladi nekoliko minuta prije posluživanja.
j) Narežite na kvadrate i poslužite toplo kao ukusan i slastan pečeni francuski tost tepsiju sa šunkom i švicarskim sirom.
k) Možete ga poslužiti i uz dodatak salate ili svježeg voća za kompletan obrok. Uživati!

93. Francuski tost s pečenim grožđicama

SASTOJCI:
- 1 štruca francuskog kruha, izrezana na kriške od 1 inča
- 1 šalica grožđica
- 4 velika jaja
- 1 ½ šalice mlijeka
- ¼ šalice granuliranog šećera
- 1 žličica ekstrakta vanilije
- ½ žličice mljevenog cimeta
- ¼ žličice mljevenog muškatnog oraščića
- Maslac za podmazivanje posude za pečenje

UPUTE:
a) Namažite posudu za pečenje 9x13 inča maslacem i posložite kriške kruha u jednom sloju.
b) Ravnomjerno pospite grožđice po kriškama kruha.
c) U srednjoj posudi umutite jaja, mlijeko, granulirani šećer, ekstrakt vanilije, cimet i muškatni oraščić dok se dobro ne sjedine.
d) Mješavinu jaja ravnomjerno prelijte preko kriški kruha, pazeći da su sve kriške obložene i da su grožđice potopljene.
e) Lagano pritisnite kriške kruha kako bi lakše upile smjesu od jaja.
f) Prekrijte posudu za pečenje folijom i stavite u hladnjak preko noći.
g) Zagrijte pećnicu na 350°F (175°C).
h) Uklonite foliju s posude za pečenje i pecite tost 35-40 minuta, dok ne porumeni i sredina se ne stegne.
i) Pustite da se ohladi nekoliko minuta prije posluživanja.
j) Poslužite toplo i uživajte u ukusnom tostu s pečenim grožđicama.
k) Možete ga poslužiti sa šećerom u prahu, malo javorovog sirupa ili malo tučenog vrhnja po želji. Uživati!

94. Pečeni tost s nogom od jaja

SASTOJCI:
- 1 štruca francuskog kruha, izrezana na kriške od 1 inča
- 6 velikih jaja
- 2 šalice likera od jaja
- ¼ šalice granuliranog šećera
- 1 žličica ekstrakta vanilije
- ½ žličice mljevenog muškatnog oraščića
- Maslac za podmazivanje posude za pečenje
- Šećer u prahu za posipanje (po želji)

UPUTE:
a) Namažite posudu za pečenje 9x13 inča maslacem i posložite kriške kruha u jednom sloju.
b) U velikoj posudi umutite jaja, liker od jaja, granulirani šećer, ekstrakt vanilije i muškatni oraščić dok se dobro ne sjedine.
c) Mješavinu od jaja ravnomjerno prelijte preko kriški kruha, pazeći da su sve kriške premazane .
d) Lagano pritisnite kriške kruha kako bi lakše upile smjesu od jaja.
e) Posudu za pečenje prekrijte folijom i stavite u hladnjak preko noći da kruh prožme okuse.
f) Zagrijte pećnicu na 350°F (175°C).
g) Uklonite foliju s posude za pečenje i pecite tost 35-40 minuta, dok ne porumeni i sredina se ne stegne.
h) Pustite da se ohladi nekoliko minuta prije posluživanja.
i) Po želji pospite šećerom u prahu.
j) Poslužite toplo i uživajte u ukusnom pečenom tostu od jaja.

95.Kahlua francuski tost

SASTOJCI:
- 4 kriške kruha
- 2 jaja
- ¼ šalice mlijeka
- 2 žlice Kahlue
- 1 žlica maslaca
- Javorov sirup (za posluživanje)
- Šećer u prahu (za ukras)

UPUTE:
a) U plitkoj posudi umutite jaja, mlijeko i Kahluu.
b) Svaku krišku kruha umočite u smjesu jaja, ravnomjerno premazujući obje strane.
c) Zagrijte maslac u tavi na srednje jakoj vatri. Pecite namočene kriške kruha dok ne porumene sa svake strane.
d) Poslužite Kahlua francuski tost vruć s javorovim sirupom i posipom šećera u prahu.

96. Jack Daniel's francuski tost s breskvom

SASTOJCI:
FRANCUSKI TOST:
- 1 štruca francuskog kruha
- 7 jaja
- 1 ½ šalice mlijeka
- ⅓ šalice šećera
- 1 žličica vanilije
- 1 žličica cimeta

PRELJEV OD BRESKVE:
- 6 Breskvi bez koštica i narezanih na ploške
- 1 žlica šećera
- 1 žličica cimeta

PRELJEV ZA UMAK:
- ⅓ šalice otopljenog maslaca
- ½ šalice smeđeg šećera
- ⅓ šalice šećera
- 1 žličica vanilije
- 1 žličica cimeta
- ½ šalice Jack Daniel's

UPUTE
a) Narežite francuski kruh na kriške od oko ½-¾ inča.
b) Posložite kriške na dno podmazane staklene posude za pečenje 9 X 13 inča.
c) Umutiti jaja, mlijeko, vaniliju i cimet.
d) Smjesu jaja ravnomjerno prelijte preko kruha.
e) Stavite breskve u zdjelu za miješanje i pospite ih šećerom i cimetom.
f) Rasporedite breskve po vrhu francuskog kruha.
g) Pokrijte i ostavite u hladnjaku 8 sati preko noći.
h) Ujutro zagrijte pećnicu na 350 stupnjeva.
i) Stavite francuski tost u pećnicu i pecite oko 35 minuta dok kruh ne počne smeđiti.
j) Pripremite preljev za umak dok se tost peče.
k) Otopite ⅓ C. maslaca u malom loncu.
l) Pomiješajte smeđi i bijeli šećer, Jack Daniel's, vaniliju i cimet.
m) Prije posluživanja tost prelijte toplim umakom.

97.Amaretto francuski tost

SASTOJCI:
- 4 kriške kruha
- 2 jaja
- ¼ šalice mlijeka
- 2 žlice amaretta
- ¼ žličice cimeta
- ¼ žličice ekstrakta vanilije
- Maslac, za prženje

UPUTE
a) U zdjeli umutite jaja, mlijeko, amaretto, cimet i ekstrakt vanilije.
b) Umočite svaku krišku kruha u smjesu od jaja, pazeći da premažete obje strane.
c) Otopite maslac u tavi na srednje jakoj vatri.
d) Dodajte kriške kruha u tavu i pecite 2-3 minute sa svake strane, dok ne porumene.
e) Poslužite vruće sa sirupom i svježim voćem.

98. Bailey's šiljati francuski tost

SASTOJCI:
- 1 štruca kruha od kiselog tijesta
- 3 velika jaja, umućena
- ¼ šalice Bailey's Irish Cream
- 1 žličica čistog ekstrakta vanilije
- 1 žličica cimeta

ZA ČOKOLADNI UMAK
- 4 unce tamne čokolade
- 2 žlice gustog vrhnja za šlag
- 1 ½ čajna žličica Bailey's Irish Cream

ZA ŠLAG
- ½ šalice gustog vrhnja za šlag
- 2 žlice šećera u prahu

UPUTE

a) Narežite kruh na željenu debljinu.

b) Razbijte jaja u tavi 9×9". Miješajte dok ne postane svijetlo i pjenasto. Dodajte Bailey's, ekstrakt vanilije i cimet. Temeljito miješajte dok se ne sjedini.

c) Stavite kruh u posudu i namačite svaku stranu najmanje 10 minuta.

d) Zagrijte tavu na srednje jakoj vatri. Lagano poprskajte sprejom za kuhanje. Stavite namočeni kruh u tavu i pecite oko 1 minutu sa svake strane dok blago ne porumeni. Izvadite kruh iz posude i ostavite sa strane dok sav kruh ne bude pečen.

e) Dok kuhate francuski tost, pripremite čokoladni preljev. U staklenoj mjernoj posudi ili nekoj drugoj zdjeli prikladnoj za mikrovalnu pećnicu pomiješajte 4 unce tamne čokolade s 2 žlice gustog vrhnja. Pecite u mikrovalnoj pećnici na visokoj snazi 45-60 sekundi. Izvadite iz mikrovalne i miksajte dok ne postane glatko. Dodati Bailey's Irish Cream i umutiti u otopljenu čokoladu.

f) Po želji poslužite s domaćim šlagom. Pripremite šlag tako što ćete u posudi za miješanje pomiješati čvrsto vrhnje za šlag i šećer u prahu. Tucite velikom brzinom dok se ne formiraju čvrsti vrhovi; oko 3-4 minute. Stavite šlag u hladnjak dok ne bude spreman.

g) Poslužite francuski tost s čokoladnim umakom i šlagom.

99. Grand Marnier francuski tost

SASTOJCI:
- 4 debele kriške brioche ili challah kruha
- 3 velika jaja
- ½ šalice mlijeka
- 2 žlice Grand Marnier likera
- 1 žlica šećera
- ½ žličice ekstrakta vanilije
- Maslac za kuhanje

UPUTE:
a) U plitkoj zdjeli pjenjačom izmiješajte jaja, mlijeko, Grand Marnier, šećer i ekstrakt vanilije.
b) Zagrijte veliku neprijanjajuću tavu ili rešetku na srednje jakoj vatri i otopite malo maslaca.
c) Svaku krišku kruha umočite u smjesu od jaja, pustite da se natopi nekoliko sekundi sa svake strane.
d) Stavite umočeni kruh na vruću tavu i pecite dok ne porumeni sa svake strane, oko 2-3 minute sa svake strane.
e) Poslužite tost topao s omiljenim dodacima poput sirupa, šećera u prahu ili svježeg voća.

100.Francuski tost s rumom i kokosom

SASTOJCI:
- 4 debele kriške francuskog kruha
- 3 velika jaja
- ½ šalice kokosovog mlijeka
- 2 žlice ruma
- 2 žlice naribanog kokosa
- 1 žlica šećera
- Maslac za kuhanje

UPUTE:
a) U plitkoj zdjeli pjenasto izmiješajte jaja, kokosovo mlijeko, rum, nasjeckani kokos i šećer.
b) Zagrijte veliku neprijanjajuću tavu ili rešetku na srednje jakoj vatri i otopite malo maslaca.
c) Svaku krišku kruha umočite u smjesu od jaja, pustite da se natopi nekoliko sekundi sa svake strane.
d) Stavite umočeni kruh na vruću tavu i pecite dok ne porumeni sa svake strane, oko 2-3 minute sa svake strane.
e) Poslužite francuski tost topao s dodatnom količinom naribanog kokosa i malo javorovog sirupa.

ZAKLJUČAK

Dok završavamo naše istraživanje "Umjetnosti i majstorstva ozbiljno dobrog tosta", izražavamo svoju zahvalnost što ste nam se pridružili u ovoj odiseji inspiriranoj tostom. Nadamo se da je ovih 100 recepata povećalo vašu zahvalnost za jednostavnost i svestranost ovog klasičnog doručka, pretvarajući svaku krišku u platno za kulinarsku kreativnost.

Ova kuharica je više od vodiča; to je poziv da nastavite svoje kulinarsko istraživanje izvan ovih stranica. Dok uživate u posljednjim zalogajima svojih ozbiljno dobrih kreacija tosta, potičemo vas da eksperimentirate, inovirate i učinite svako jutro slavljem okusa. Neka radost izrade i uživanja u ozbiljno dobrom tostu ostane u vašoj kuhinji, stvarajući trenutke užitka i inspiracije.

Hvala vam što ste nam dopustili da budemo dio vaše rutine doručka. Dok nam se putevi ponovno ne ukrste u carstvu kulinarskih avantura, neka vaša jutra budu ispunjena umijećem i majstorstvom ozbiljno dobrog tosta. Živjeli za briljantnost tostiranja!

www.ingramcontent.com/pod-product-compliance
Lightning Source LLC
Chambersburg PA
CBHW071905110526
44591CB00011B/1559